u books

中世への旅
都市と庶民

ハインリヒ・プレティヒャ

関 楠生＝訳

白水 u ブックス

Author: Heinrich Pleticha
Original title: BÜRGER BAUER BETTELMANN

www.arena-verlag.de
Through Meike Marx, literary agent, Japan

目次

シャッターがカチリと鳴って落ちるとき

頭のいい宣伝マンはとうに中世の都市を発見した――もっと正確にいえば、中世の都市のうちで、いまに残るものを発見したのである。それで、満員のバスが南ドイツのロマンティック街道を、ローテンブルク、ディンケルスビュール、ネルトリンゲンといった観光名所へ走って、観光客はすばらしい飲み物を賞味し、感嘆の目で市壁をながめる。アメリカの旅行客は、ヨーロッパ・ツアーの途上、カンタベリーの一時間と同じように、ニュルンベルクに一日の午後を、フィレンツェにまる一日を割りあててもらう。そして彼らのあげる嘆声には、こういうものは古いヨーロッパにしか見られないというひそかな羨望がこめられている。写真気違いの旅行者のシャッターが、リューベックのホルステン門の前で、コルマルの静かな町の片すみで、あるいはフィレンツェとシエーナのあいだのアウトストラーダの上で、カチリと鳴って落ちる。彼らは、すでにダンテが言及しているモンテリッジョーニの市壁をせめて遠くからでも写そうと、アウトストラーダの途中で車をとめるのだ。

この人たちは歴史を体験したのであろうか？　いや、そういうことはめったにない。ここでは歴史的な対象物が、多かれ少なかれなんの考えもなしにながめられ、ロマンティックな息吹で包まれ、せいぜいのところ理想化されるだけの見ものと化してしまっているのだから。歴史をほんとうにもう少しでも多く体験しようと思えば、努力しなければいけないし、よい折りを見て現在から過去へ橋を架け渡すすべを学ばなければならない。よい折りはいつかということに少しばかり勘を働かせ、死んだ市壁とみごとな芸術品の背後に人間を捜し求めるならば、それはけっしてむずかしいことではない。

中世の都市とその歴史との出会いは、中世の人間との出会いでなければならない。中世人は多くの点で、今日のわれわれと比べて想像できないほどつらい生活を送った。われわれにはあたりまえのことになっている近代生活の多くの成果を彼らは知らなかったからだが、それでもわれわれと同じように日常を過ごしてゆかなければならなかったのだ。

リューベックの聖霊施療院にはいると、突然この人たちとつながりができたという感じを持つことができる。これはかつて、富裕な市民が、貧しい、病気の市民に贈った慈善施設としてできたもので、そこの「長い家」のなかにのちに造られた小さな部屋部屋は、今日なお老人たちの住居として使われている。ここに、中世都市の生活を考える場合にはどうしても抜きにすることができない市民精神と協同体精神とがはっきりと示されている。あるいはもうひとつ、まったく別の出会い方もある。ニュルンベルクの市庁舎の地下にある悪名高い牢獄を訪れる人は、足枷《かせ》をはめられて暗い地下につながれている哀れな人たちの身になってみることを試みるべきであろう。彼らがこういう残酷なやりかたで罪の償いをさせられるのは、気高い志から一致して隣人のために尽くそうとした協同体が、同じく一致して、つまずいた人たちをきびしく罰したからにほかならない。

壮麗な市庁舎やドームの前、かつてのギルドやツンフト（同職組合）の美しい家の前に立ったときには、市門の外に、いっさいの協同体から締め出された癩病患者の住む家があったことをも考えてみるべきであろう。ロマンティックな時代、古きよき時代というイメージは、めったに長もちするものではない。そして実際、そういうものがあり得るはずもなかったのである。

以下の章はまずインフォメーションを与える。年代記や記録、法典や文学的な証拠文書など、実にさまざまの文献のなかに散らばっているために非専門家にはなかなか近づきがたいデータを出そうというのである。叙述と原典との関連について少なくともある程度の印象くらいは与えようという目的で、本文を補足するとともに、それに現実感を与える典型的な例を多くの章に付した。

挿絵も同じ役目を持っている。これによって生活と日常を瞥見することができよう。中世都市の全貌はたとえばシェーデルの『世界年代記』にあるいくつかの木版画によってうかがえるが、それを補うには、さらに、今日の美術書やとりわけカレンダーにのせられている多数の古い都市図、たとえば十六世紀のブラウン＝ホーゲンベルクの銅版画や十七世紀のメリアンのそれを見ればよい。そこに描かれている都市が小さければ小さいほど、印象的に中世の性格を保持しているのがふつうであって、そのためにわれわれは、十七世紀の多くの例を、それほど深く考えることなく十五世紀あるいはさらに十四世紀へもどして見ることができる。

これらの本文、原典、挿絵などのデータを全部総合すれば、中世都市生活の全体像が浮かびあがってくるはずだが、その中心に立つのは、日常生活と祝祭における人間、喜び苦しむ人間の姿である。

そのさい、われわれがどうしても注目しなければならないことが一つある。それは、中世の都市は生きものであって、それゆえに変化の法則の支配下にあるということである。純粋に外的に見ただけでも、たとえば十二世紀と十五世紀の建築法の違いがはっきりするように、われわれは、政治的な変化と同じく生活習慣の変化にも注意を払わなければならず、とりわけ、南方の都市と北方の都市とを区別しなければならない。そして結局のところ、ほかのヨーロッパ諸国の都市と比べて、根本的な共通点と相違点とをあげることができるにとどまるのである。

したがって、われわれが中世の都市そのものをうんぬんしようというのであれば、それは間違っていよう。われわれはせいぜいのところ、多くの個々の例から中世諸都市のひとつのイメージを作りあげる試みをすることができるだけである。

そのさい叙述の重点は、中世後期の時代、つまりほぼ一三〇〇年から一五〇〇年のあいだの時期に置かれる。ザリエル朝、特にシュタウフェン朝の王たちが君臨した諸世紀は、ヨーロッパの騎士道華やかなりし時代であった。この時代の生活習慣を、私は『中世への旅 騎士と城』で描こうと試みた。しかしそれによって、これからの叙述にははじめから、時代的にのみならず、事項的にも限定が加えられることになった。

シュタウフェン朝の時代には、騎士と市民の日常生活にそれほど大きな差はなかった。それゆえ以下の章において、この領域でできるだけ継ぎ目のない移行を目ざし、それによって後期のほうに重点を置くことを試みたい。読者が一一〇〇年から一三〇〇年までの時代について知りたいと思われれば、前記の騎士の本を見ていただきたい。

騎士の生活を描くときには、戦闘と戦争が騎士身分の表現形態として重要な役割を果たしたのだが、都市の生活習慣を述べるにあたっては、この素材は完全にわきへ押しやっていい。たとえば中世の都市の攻囲について知りたければ、多くの点で、騎士の本のなかで城の攻囲に関して書いてあることを参照してもらえばよいだろう。

この本の目的は本来、これに刺激された人が、諸都市とその歴史との出会いを目ざしたときにはじめて達せられる。それは、はじめにあげたいくつかの例とは異なって、きわめて個性的な出会いに、だが同時にまた、ゴシック時代の生活との出会いになり、それによって歴史的な一時期を理解する一助ともなるであろう。

ローマ人の町と野生の根——中世都市の生成について

一九七〇年にミュンヒェンの人口は百三十四万、ハンブルクは百八十一万、フランクフルトは六十六万二千であった。ミュンヒェンだけでも、市の労働者、雇員、職員の数は三万九千百十九人にのぼった。

六百年まえ、十四世紀の中ごろにはミュンヒェンに約一万人、フランクフルトにもほぼ同数が住んでいたが、当時ドイツ最大の都市ケルンは、その市壁内に約三万の住民を収容していた。しかしこれは注目すべき例外であった。人口一千を越す市町村は、ドイツ全域でわずかに約百六十を数えるだけだったのだ。人口が二千から一万までの市町村が約二十五、一万を越すものはわずかに十五ほどにすぎなかった。そのほかになお市と称するものは、その大きさでは大きな村とほとんど異なるところがなかった。

これは無味乾燥な数字であるが、それでもこれを見ればいささか考え込んでしまう。中世のドイツの都市が特別小さかったというのではない。イギリス、フランス、イタリアの都市と比べて、大きさでひけをとることはなかったし、ロンドンあるいはローマとても、この時代にはケルンより人口が多かったわけではない。ただパリだけは人口が二十五万もあって、特別な例外であった。これらの都市のうち、小さいものは今日ならせいぜい農民の住む小都市や村に分類できるくらいだし、大きいものでも近代的な中都市にさえ及ばないのだが、それでも、そのすべてに重要な意味を与えなければならない。それらは政治的に重要な役割を果たし、王侯と張り合うだけの力を持っていたからである。それらの都市は富裕で声望があり、その市民は経済生活を支配した。偉容を誇るドームと美しい市民の家、その市壁内で生まれた美術や文学など、文化的、芸術的な成果の数々を、今日なおわれわれは嘆称する。

もちろんこれらの都市はすべて、一日にして茸《きのこ》のように地面から生え出たのではない。その始源を求めるには、はるか昔にさかのぼらなければならない。ドイツとオーストリアの国土に生まれたもっとも古い諸都市は、ローマに起源を有するからである。ローマ人はライン河とドナウ河のほとりに、そして辺境防壁リーメスに守られた細長いくさび形のツェーントラント*に、城砦と居住地を作ったが、そこに、都市的な性格を持つもっとも古い集落が生まれた。今日なおその名が、ローマ支配下にあったことを示している。コロニア・アグリッピナ（ケルン）、モグンティウム（マインツ）、カストラ・レギーナ（レーゲンスブルク）はその代表的な例である。もっと知られること少ない例をあげれば、アルゴイのイスニーはローマのウェマニア、今日のオーストリアのヴェルスはもともとケルトの古い集落オウィラウァである。数えあげればまだまだいくつでも出てくる。

＊　ライン河とマイン河のあいだに作られたローマの植民地で、住民が十分の一税（ツェーント）を納めたこと

からこの名がある。

ローマの法律に従って治められていたこれらの居住地の顔を規定したのは、兵士と商人である。民族移動の騒乱の時代に、それらは声望と意義を失い、破壊され略奪された。ローマによる支配を思い出させるものは、もうほとんどその名前しかなくなっている。しかしそれでも、これらの集落はフランク王国の諸王の時代、つまり八世紀と九世紀に、再び中心地となるだけの重要性は残していた。王家の血を引く伯爵や司教がそこに居館をかまえ、戦時には、堅固な古いローマの城壁に守られたのである。

少なくともある程度は安全なこういう集落は、商人たちにとっても歓迎すべきものであった。中世初期の不穏な数世紀のあいだ、苦難と危険とのために、彼らはしばしば共同で行動せざるを得ず、安全を求めて伯爵あるいは司教の城の近くに固まって住んだ。しかし、はっきり領主から離れていた場合もある。こういう商人の居住地は、古い記録には「ヴィク」という名称で記されている。

かつてローマ人が建てた町の商人は、川べりの土地を好んだ。たとえばマインツ、ヴォルムス、レーゲンスブルクなどがそうである。ドイツの北部では、片側しか家のない道路がヴィクになっている場合が多かった。商人の集落は大きくはなかった。しばしば、冬のための一種の拠点、集積地にすぎず、夏になるとそこから商業旅行に出かけるのである。しかし、出発まえ、あるいは少なくとも帰国後に、ヴィクで市《いち》を開いて土地の住民にも品物を供給しようという考えが浮かばなかったはずはない。すでに十世紀以来、そういう市の最初のものが開かれていた証拠が残っている。

工夫が集落の回りに防御柵をめぐらす．1522年の木版画．

商人たちはそれから、しだいに大きな河の支流、ヴェラ川、フルダ川、マイン川、ネッカル川、レヒ川、モーゼル川、ザルツァハ川などのほとりに定住するようになった。

とはいっても、そういう商人の居住地が網の目のように組織的に張りめぐらされていたとは言いかねる。たいていは、教会、修道院、あるいは王城と結びついていたからである。十一世紀におけるその数はかなり正確にわかっている。司教都市、つまり司教を長《おさ》とする都市が約四十、修道院が中心となる修道院都市がほぼ二十、それに伯爵が王の代理として治める王領の城砦都市が六十ばかりあったのだ。比較のために記せば、一九七〇年、西ドイツの統計年鑑には人口一万を越す市町村が千六百十あげられ、大都市の数は同じ年に百十五にものぼった。

しかしヴィクはなお堡塁の外にあり、奇襲攻撃と、とりわけ略奪に対しては無防備の状態におかれていた。それに、たとえばエルフルト、ユトレヒト、あるいはバンベルクのように、商人の居住地が王城もしくは司教の城と、川で隔てられているような場合もしばしばあった。トリーアあるいはクヴェードリンブルクでのように、城の近くに住んでいれば、商人ももっと安心していられた。ブレーメン、ゴスラル、アイヒシュテットのように、ヴィクを塁壁、堀あるいは柵で守ったところもある。早くも十一世紀にヴィクを堅固な城壁で囲って本来の市の領域に編入し、その住民を市という連合体のなかに繰り入れるきっかけを作った支配者も五、六人はいた。

商人は市の内あるいは外で、独自の権利と特別な慣習——これについてはのちに述べる——を持つ堅固な協同体を形成したものの、ヴィクにおいては王が本来の主人であって、商人は王の保護を確保することを望んだのであった。もちろんそれには相当な金が必要で、たいていは商売の利益のうちから、きちんときめられた歩合を出すことになっていた。だがそのかわりに商人は、それ相応の特権を獲得した。なかでも、「ムント」、すなわち平和と安全を保証する王の保護が重要であった。

王の保護のもとに商売に精を出す商人のことはしばらく措いて、誤った考え方におちいらないようひと休みするのがよさそうである。これまでに述べたことはすべて、まことに単純であたりまえのように聞こえるからである。しかし、常に、そしてどこででも、それほど単純な発展のしかたをしたわけではなかった。でなければ、学者たちがいくつもの重要な学術論文で、都市の生成という問題に取り組む必要も起こりはすまい。ローマ人の集落、城、ヴィクは、歴史的発展の発端である。すでに述べたように、十一世紀の中ごろにはドイツに約百二十の都市があった。しかしその後、ザリエル朝の諸王のもとで大きな変化が起こり、本来の都市自治体へ向かって重要な一歩が踏み出された。

おそらく、こういう細かな区別を不必要、あるいは小うるさいと思う読者もおられよう。都市はあくまで都市なのだから。ローマの集落から発展しようと、「城」、つまり防御設備をほどこした小さな居館と商人の居住地との合体から生まれようと、あるいはのちにまったく新しく建設されようと、このことに変わりはないはずである。しかし、幾筋かの厚い城壁、ひとかたまりの家、堂々たる教会、狭い小路、そしてそこに住む人間だけでは尽くせない都市の本質を、だいたいでもいいからつかもうとすれば、歴史の推移をいま少し詳しく追ってみなければならない。

新たなきっかけは再び商人から起こった。彼らはもう、ヴィクを商業旅行の出発点、品物の集積地として利用するだけでは満足しなくなり、一年を通じてきまった場所で市《いち》を開いた。こういう市が定期的に開かれたのは、最初はたしかに、われわれのすでに知っている土地においてであった。もっとも古いのはブザンソンとヴュルツブルクで、ヴュルツブルクではさらに、毎日市が開かれた。ほかの都市もやがてその例にならった。定期的という点に新しさがあり、そこからさまざまの結果が導き出された。

市《いち》を開こうと思えば、広場あるいは適当な道路が必要である。こうして「市《いち》の立つ広場」ができたが、それはたとえば、シュパイヤー、シュターデ、フィラッハのように目抜きの通りを広げた形のものであった。ディンケルスビュールでは、聖ゲオルク教会の塔から見下ろすと、この道路市場を市の輪郭のなかになおはっきりと認めることができる。コンスタンツ、フリーザッハ（ケルンテン）、フリッツラルのように、市《いち》の立つ広場が長く伸びた長方形に造られている場合もある。ときには、三角形の市場もあった。たとえばニュルンベルクのもっとも古い広場は、聖ヤコブの三角広場だったようである。十三世紀に建設された都市では、しだいに四角の広場が町の中心になるようになった。その広場と、もっとも重要な建物は、次の章で中世の都市のなかを見物して回るときにながめることにしよう。

市《いち》に出る商人は品物と買手を必要とした。それを二つながら供給したのが、これまた都市に定住した職人である。ここでわれわれはまた新しい住民層に出会うわけだが、彼らはたいていの場合、まず「農場職人」から補充された。彼らは田舎で荘園領主のために働く非自由民であった。もともとこの職人たちは、余った製品を新しくできた市場で売っていたのだが、やがて、しだいに都市そのもののなかに地歩を固めようという努力をはじめた。運よく荘園領主が彼らの新しい居住地を認めてくれれば、賦役の義務もなくなり、領主が死んだときに少々の金を出せばすんだ。こういうわけだから、十二世紀および十三世紀以後、非自由の証跡があまり認められない中都市、大都市で、しだいに新市民が、市壁内で一年暮らしたのちに完全な個人の自由を獲得するようになったのもけっして不思議ではない。「都市の空気は人間を自由にする」が、有効な法の原理となったのである。

よくあることだが、言葉はむろん、美しく、自明に聞こえる。しかし、田舎から都会へ不安な跳躍をあえてし、新たに獲得した自由を荘園領主に認めてもらえるかどうかもわからずにいる人間の窮境と心配について、われわれが何を知っていよう？　それはきわめて不確かな未来への一歩であった。先には栄達と経済的成功が待っているかもしれないが、また新たな窮境、新たな悲惨に見舞われないともかぎらないのである。

1493年に刊行されたハルトマン・シェーデルの『世界年代記』に収められているこの木版画は，中世末期の都市の理想像を示している．

商人と職人、定住者と移住者とから、新たな協同体が生まれ育った。これらの都市の住民は、経済的のみならず政治的な目標においてもお互いに頼り合った。初期の都市では、司教やその依託を受けた人、あるいは王に任命された伯爵らが市の支配者として君臨したことはすでに述べた。こういう人たちが権力をしっかりと握っている都市では、彼らは商人と職人を自分の意志に従わせることができた。商人や職人にしてみれば、暴力行為と権利侵害に対して有効に身を守るためにがっちりと団結するだけの理由は十分にあったわけだ。彼らは神聖な誓いを立てて、お互いに援助を義務づけ合った。これによって協同体への第一歩が踏み出されたのである。共存が協力と相互奉仕へ発展した。都市の住民は融合して市民となったのである。

ここでわれわれの興味をひくのは、古文書に現われる「キーウィス」と「ブルゲーンシス」――市民を表わすラテン語の概念である――の微妙な使い分けでもなければ、市民（ビュルガー）という言葉が、本来は「城の防衛者」というような意味の古高ドイツ語、ブルガリからきたということでもない。根本的にはただ、市民のあいだのこういう同盟が、各個人にかかわり、各個人の従う新たな協同体秩序、平和秩序を作り出したということが重要であるだけなのだ。だれかが同じ市民の一人に挑戦状を突きつけようと思えば、そのまえにまず自分の市民権を放棄しなければならなかった。協同体のおきてに違反した者は、市民社会から締め出すことができたのである。

協同体への歩みは第一歩であって、論理の自然としてこの新しい協同体が新しい権利をも戦い取る第二歩が、それにつづかなければならなかった。みずから武器を取って、都市の安全と秩序を守ろうとするのは当然のことではないか。しかし都市の支配者たちは、在来の権利を断念して都市の自衛権をも新しい協同体にゆだねることをいやがった。それが自発的に行なわれなかった都市では、市民はこの権利を力ずくで奪い取った。ケルン、アウクスブルク、ヴォルムス、マインツでは、都市の支配者と市民のあいだに激しい確執があったと伝えられる。しかし市民がいったん都市の防壁を支配下におくと、やがて徴税権もその手に奪い取られた。それからは、税金はもはや支配者のふところへではなく、自治体の会計へ流れ込むようになった。独自の任務を果たす独自の行政機関ができた。今日、さまざまの都市の役所に多数の職員と雇員がおり、事務所には各種の書式が整えられて、勤務時間がきめられているのを見る人は、一二〇〇年ごろにはまだ、きちんと名のついた都市の役所がひとつもなかったというようなことがほとんど信じられないだろう。市長とか陪席判事といった職がようやく固まってくるのだが、それについてはこれから詳しく述べていこうと思う。

さて、このへんで少しまとめてみるのがよさそうである。都市協同体の生成と成長を、われわれは主として司教都市の範例によって見てきたのだが、もちろん都市の発展がどこででもこういう実証ずみの図式に従って行なわれたわけではない。注意深い読者諸子は、司教、伯爵、あるいは彼らに任命された人たちが支配者として君臨していなかった都市ではいったいどういう状況だったのかという疑問をとうにおこしておられよう。

都市が古い商人の居住地から発展した場合もある。そういうとき、発展は漸進的であるから、市のできた時点をはっきりいつと決めることはできない。ニュルンベルク、フランクフルト、ドルトムントなどのような、今日では重要な都市のいくつかが、誕生日を祝うことができないでいるのは、「市」という概念が記録に現われるのが十一世紀と十二世紀のあいだというように漠然としているからである。

ほかの都市——それも相当な数の都市が、その点ではるかに恵まれている。ミュンヒェンは一九五八年に、考えられるかぎりきらびやかに八百回目の創立記念日を祝い、フライブルク・イム・ブライスガウはすでに一九二〇年に八百回目の「誕生日」を迎えている。ドイツのどこかの都市で創立記念祝典が行なわれない年はほとんどない。

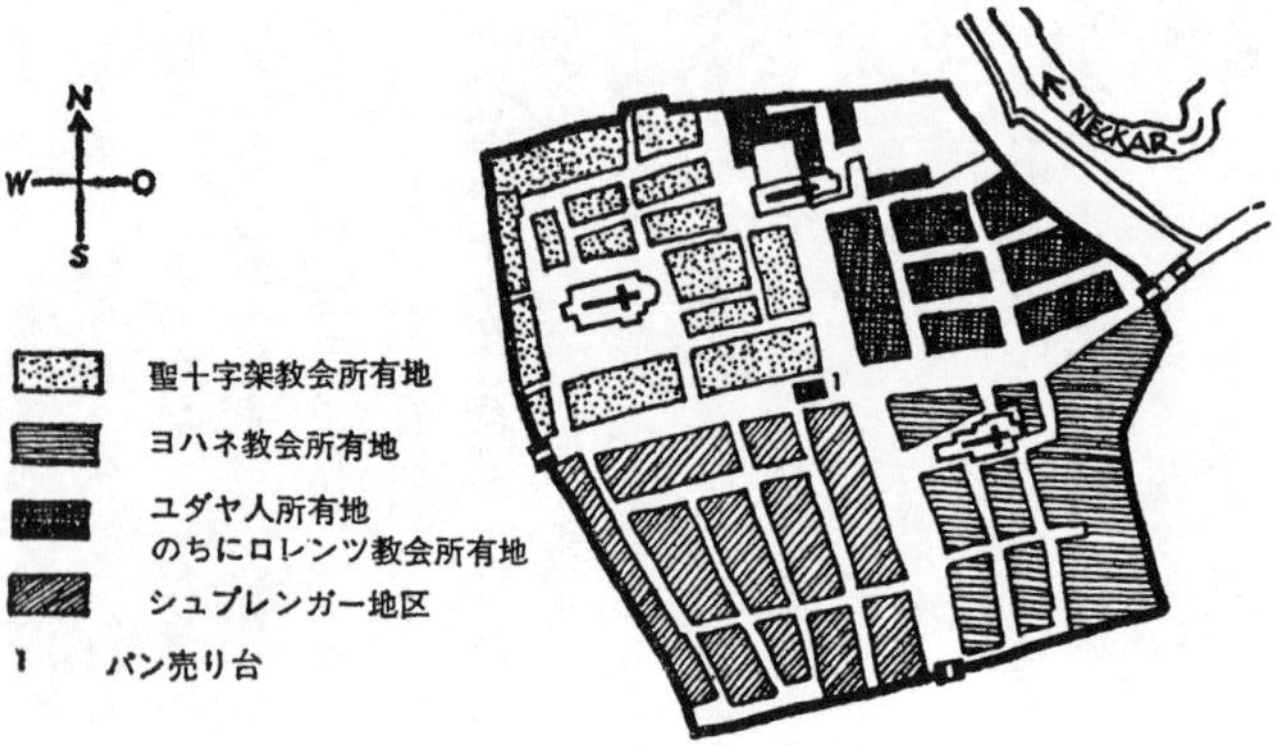

ツェーリンゲン家の組織的な都市計画は，ロットヴァイル市中心部の街区の割り振りにはっきりと見てとることができる．

とりわけ十二世紀と十三世紀は、都市創立の偉大な世紀であった。王侯は競って市場と都市の建設にはげんだ。ドイツの南西部では、はじめはブライスガウの伯爵でのちにバーデンの公爵、大公爵となる家柄のツェーリンゲン家が、かなりの数にのぼる都市を建設した。フライブルク、フィリンゲン、オッフェンブルク、ベルンもそのなかに含まれる。南東部ではバーベンベルク家が勢力をふるった。捕虜になったイギリス王リチャード獅子心王に払わせた身代金で、オーストリア公レオポルト五世は、ただちに四つの都市を新たに建設した。北部ではヴェルフ家がもっとも熱心な都市建設者のひとつに数えられる。リューベック、ブラウンシュヴァイク、シュヴェーリン、リューネブルク、ハーゲンはハインリヒ獅子公の建設したもので、公はそれによって東方植民に重要な寄与をしたのである。もっと小さな領主たちも、名門の家柄にほとんど遅れをとらなかった。たとえばキールは一二三三年にアードルフ・フォン・シャウエンブルク伯、デュッセルドルフは一二八八年にベルク伯、ケルンテンのフィラッハはバンベルクの司教によって、建設された。同じような例はまだまだたくさんある。

ドイツ騎士団は十三世紀後半以来東プロイセンに地歩を固め、植民活動の枠内で、これまた計画的に都市を建設した。クルムとトルンがそれで、今日ではカリーニングラードと呼ばれるケーニヒスベルクは、ベーメン王オットカル二世が一二五五年に異教徒のプロイセン人に対して「十字軍」を企てたときに建設したものである。

しかし、こういうたくさんの名前と数をあげるよりは、どのようにして、そしてなぜ、という問いのほうが重要である。こういう都市建設はどのようにして行なわれたのであろうか？　もっとも簡単な方法は、声望のある商人の居住地あるいはりっぱな村を市に格上げし、市壁で囲んで、市場権と、税金の免除あるいは都市権を含むほかの特権を与えることであった。また、都市建設が「野生の根から」行なわれること、つまり都市が処女地に計画され、それにふさわしく建設されることもあった。

マギスター・ユスティヌスはリップシュタットの建設を題材にして、一二六〇年、次のような詩を作っている――

防備堅固な町を造ろうと、地形もよくて
住民の仕事にも便利な場所が捜された。
リッペ河畔の土地がぴったり。ここには

流れがたっぷり、野は広く、森林、牧場、家畜も十分。
人夫が集まり、長さと幅を測って、
今度は面積。そうして堀が深くうがたれる。
土を盛り上げ、やがて堤がそびえ立つ。
たちまち土塁が町を取り巻く。
はじめは木の柵で町を守るが、
しだいに石造に替えて守りを固めなければならぬ。
こうして町が建設される……
あふれる自由に誘われて人々が流れ込み、
市壁が築かれ、教会と家屋が建てられる。

このようなとき、都市を建設しようとする領域君主《ランデスヘア》は、至るところで入植者を募った。商人にも職人にも呼びかけがなされた。もちろん、そういう新建設には多くの危険がついて回った。新市民のうちのだれが、故郷、秩序、そしてしばしばまたある種の安全と平穏を捨てて、好んで不確かな冒険に飛び込むであろうか？　そのためにはそれに見合う保証がなければならなかったから、建設者のほうもいい条件を出して誘った。ツェーリンゲン家の伯爵ベルトルト三世は一一二〇年にフライブルクを建設したとき、入植者の一人一人に、長さ百フィート（＝約三十メートル）、幅五十フィートの土地を提供し、建設時の記録によれば、さらに一連の自由を与えている。一一二〇年のフライブルク市文書から少しばかり引用しよう——

一、当市の市場にくるすべての者に対し、市は市場の領域内における平安と保護を与える。この領域で盗みに会った者が犯人を名指せば、その損害は補償される。
二、当市民の一人が死ねば、その妻子は故人の遺した物をすべて所有することができる。妻子も法定相続人もいない場合には、その遺産は市の共同建設者たる二十四名の商人に一年間使用させるものとする。
三、当市のすべての商人には税が免除される。
四、市は市民に対し、市民自身の選んだ代官および司祭以外の者を与えることはしない。
五、市民のあいだに争いが起こったときは、市および市の裁判官によってではなく、たとえばケルンにおけるがごとく、あらゆる商人の慣習と法に従って決定するものとする。
十二、当市に入る者はすべて、いずれかの領主の隷農でないかぎり、自由に、妨げられることなく当地に定住することを許される。……領主がその隷農を当市に住まわせる、もしくは当市から連れ出すことはまったく意のままである。しかし、いずれかの領主に自分の隷農だという申し立てを受けることなく一年以上当市に住んだ者は、そのとき以後、安全に、異論の余地なく自由を享受できる。

その他の新建設都市においても、事情はフライブルクと似たり寄ったりだったと考えてよいだろう。ときには、建設者がそれほど太っ腹ではなかったことも実証されている。たとえばハインリヒ獅子公は新しくリューベックを建設するにあたって、各個人に幅二十五フィートの土地しか提供しなかった。他方、ドイツ騎士団の貴族たちは、古い故郷から遠く離れ、好戦的で危険なプロイセン人に近いところに建設する都市のために、どうしても必要な入植者を獲得しようとすれば、もっといい条件を出さなければならなかった。

いったいなぜ諸侯が好んで、それも比較的頻繁に都市を建設したのかという第二の問いは、これまた答えるのがむずかしい。都市と商人は切り離すことができない。商人が定住しているところには商業が栄え、商業がまた、領域君主にそれに見合うだけの収入をもたらした。しかし決定的な理由は、商業政策的、経済的なものよりはむしろ戦略的なものであった。すでに述べたように市民《ビュルガー》という名称が城《ブルク》の防護者からきていること、城と都市がしばしば一つになっていることは偶然ではない。城は都市を守り、都市は都市で、広く前地を固めるとともに、城を経済的に保障することもした。こうして十三世紀の都市建設はますます領土政策の一手段と化したのである。都市と城を合わせて、領域君主は必要な安全を手に入れた。したがって都市は戦略的に都合のいい場所に建設されることが多かったのだ。

こういう状況のもとで都市の数が急速に増大していったことは十分に理解できる。十一世紀の半ばまではまだ約百二十だったのが、十二世紀には倍にふえ、十三世紀にはいると、東方の植民都市を加えて二千近くになり、中世の末ごろには三千にもふえて、頂点に達した。

「大」都市の人口については、この章のはじめにすでに述べた。このかなり奇妙な統計には少し変更の手を加えることができる。都市の総数から、はじめに述べた人口一千を越す約二百の都市を引くと、なお、人口一千を割るドイツの都市が二千八百残る。そのうち、人口一千から五百のあいだの都市は約三百五十と考えてよい。言葉を変えれば、中世の都市の約八十パーセントが、市壁をめぐらした村の域をほとんど出なかったということになる。

少ない人口に相応して、空間的な広がりもわずかであった。十三世紀に新しく建設された都市の大きさは、十ヘクタールから二十ヘクタールのことが多かった。だが、たとえば八ヘクタールのツィッタウ、四・五ヘクタールのボッパルト、さらにわずか一・五ヘクタールのヤウアーのような都市もあった。その一方で、名望ある古い都市はその面積を著しく拡張した。たとえばアウクスブルクは十四世紀に百八十七ヘクタール（今日では八十六平方キロメートル）、ハンブルクは百六ヘクタール（今日では都市国家ハンブルクは七百四十七平方キロメートル）、フランクフルトは百二十ヘクタール（今日では百九十四平方キロメートル）、ネルトリンゲンは九十三ヘクタール（今日では千四百二十六ヘクタール）に達したのである。

これから先、都市での生活、市民の文化的業績、都市の政治的意義について述べることになるが、そのさい、まず第一に、その都市とは比較的大きな都市の二十パーセントを指していて、小さな都市のことではないということをけっして忘れてはならないであろう。

商人と職人がいっしょになって市民を形成していたが、この分け方だけでは十分ではない。中世の都市のように、優位にある支配者に対し、協力して戦いを挑み、その戦いのなかから成長し合生してきた協同体にあっては、それが新しく建設された場合には、構成員の全員が同じ任務を担い、それとともにまた同じチャンスにも恵まれて、きわめて民主的な相貌が示されるのではないか、というような想像もできる。言葉を変えれば、すべての市民が同じように市の統治にあずかる、ということである。しかし事実は逆であった。市民層のなかにはっきりと分離線が引かれ、比較的少数が、新建設のさいにすでに特殊な地位を占めたのである。ハンブルクとブレーメンでは「もっとも重要な人たち」、マクデブルクでは「もっとも賢明な人たち」、アウクスブルクでは「もっとも才気ある人たち」がそれであった。北と南における、微妙であると同時に特異でもある用語の違いは別として、この人たちはいわゆる都市貴族のグループに属した。彼らはほかの市民からはっきりと際立った存在で、市の運命はもっぱら彼らの手に握られていたのである。

都市貴族になるのは、けっして偶然の力によってではなかった。それは富裕であるとともに名望もある商人で、そういう人たちはまたしばしば相当な土地を持ち、鍛冶場や水車、パン焼き所、醸造所などを財産のない人に貸しつけた。ニュルンベルクの都市貴族ハンス・ピルクハイマーは、一三五六年に六十の小作農地、十九の自作農地、五軒の家、二十四の抵当権を所有していた。金持ちの商人とともに、ときとしてまた、下級貴族の出である王室の役人と金持ちの地主も都市貴族になることがあった。しかし、職人がなることはごくまれであった。

ひとたび上に立った者は、ほかの者に並ばれることを好まない。それで、古い都市貴族は新しい者が成り上がることを制限しようとした。十三世紀の半ばごろ、ケルンにはほぼ九十の都市貴族の家柄があり、チューリヒには八十、レーゲンスブルクには六十、リューベックには四十六あった。それらのうちのあるものはかなり長つづきし、市参事会のリストによれば十世代あるいはそれ以上つづいたことが証明されている。ケルンのリュスキルヒェン家に至っては十七世代も存続した。それに反してほかの家柄ははるかに短命で、古い都市貴族の家柄が財産を失って没落した例も少なくない。

もちろんこれらの家柄は、その名望と権力を財産によってだけではなく、できるだけ多くの市民を勢力下におくことによって証明しようとした。彼らに従うのはたいていは無産者の職人で、あとから都市に入ってきた貧しい新市民であった。「ムントマンネン」と呼ばれるこの連中は、何も失うものがなく、なんのためらいもみせずに金持ちの旦那がたに服従して、得することばかり考えている危険なやからであることがしばしば実証された。彼らは安易に短刀を振り回した。いざとなれば旦那がたにかばってもらえるあてがあったからである。アウクスブルク、ウィーン、あるいはレーゲンスブルクのようないくつかの都市がこのムントマンネンを禁止しようとしたのはあやしむに足りない。ニュルンベルクでは、彼らは法の保護を受けない者として扱われ、いつ殺されてもしかたなかった。ただケルンでだけは都市貴族の力が強く、罰せられないよう手下をかばってやることができた。

ふつう、都市貴族の諸派から市参事会が選ばれ、ほぼ十三世紀の半ば以後、大部分の都市で勢力をふるった。その仕事は、平安、秩序、安全のための配慮と行政とであった。参事会員の数は、都市の大きさによって六人から三十六人で、一般には十二という数が好まれた。任期は一年で、その期間が過ぎると、新しい会員が選ばれた。しかしだれでも参事会員になれたというわけではない。その名誉は都市貴族の家柄にのみ留保されていて、職人はのけものにされていたのである。これでは、長いあいだにはうまくいかなくなることは、目に見えている。都市貴族と職人のあいだに起こった流血の対決については、これからなお触れていくことにする。職人は市の統治にかかわる権利があるとして、その当然の権利を戦い取ろうとしたのである。

都市の協同体精神は、参事会員のめいめいが一つずつ市の職務を受け持って、それを良心的に遂行しなければならないというおきてに反映していた。きちんとその職務を果たさない場合には参事会から締め出されることもあった。市参事会の開設とともに、参事会によって選ばれる市長の職もできた。最初に市長が出現したのはライン地方の諸都市でのことであるが、十四世紀以来ドイツの他の地方にもこの制度が広まった。市長の任務は、市参事会の議長を務めるほか、外部に向かって市を代表することであった。彼は市の平安を命じ、市民相互の争いには市の調停裁判で裁判官となった。また、市の支配者に対して責任を負った。というのは、都市はしだいに内的独立をかち得てはいたものの、なお市の支配者に臣属し、その命令下にあったからである。この事実を忘れてはならない。ときとして都市が、年月のたつうちに市の支配者に対して大幅の独立をつらぬき通すことに成功したこともある。しかし、先に述べた都市の大きさを考えてみると、その成功がごくわずかな大都市にしか恵まれなかったことはたしかである。緊張がくすぶることも多く、それが折りに触れて、市の支配者に対する市民の反乱となって爆発した。独立への志向は、ほかならぬ古い司教都市において特に顕著に見られるようになった。しかしそういう場合、けっして完全には自立し得ないことを市民自身が十分に心得ていて、王に保護を求めた。この試みが成功すると、その自治体は、王に税を払い、兵役につくだけでよい、帝国直属自由都市に格上げされた。ときにはまた、自治体が帝国直属自由都市の特権を王から与えられることもあった。多くの場合、市民はこの名誉に対して高価な支払いをしなければならなかった。しかし十三世紀の半ばごろにはほぼ七十の帝国直属自由都市があったことから、この名誉を受けるのに、都市の大きさはそれほど関係がなかったろうことが推察される。それよりはむしろ、都市の一般的な声望と、とりわけ王権にとっての戦略的な意義が重要だったのであろう。

「いささか性悪で冬にはたいそう深く……」——都市の道路で

「ロマンティック街道」に車を走らせてネルトリンゲンでちょっと一休みし、土地の人が「ダーニエル」と呼ぶ教区教会の大きな塔の、三百六十五段の階段を昇る労を惜しまなければ、すばらしい眺望に報いられる。ドイツ最後の塔番人が住む風通しのよい高みから、まさしく理想的な中世都市の輪郭を嘆称することができるのである。いや、それだけではない。都市と風景がこれほど目立って印象的に結びついている例はめったに見ることができないのだ。（次ページ参照）

ニュルンベルク、シュトゥットガルト、ヴュルツブルクから通じている道路の交差するリース盆地の真ん中に、ネルトリンゲンは建設された。残っている市壁がほとんど規則的な円を描いて旧市区を包み、新しい郊外地区がそれを守るように、広い帯をなして回りを取り巻いている。ある程度様子のわかっている人なら、町の成長の二つの段階をなおはっきりと認めることができる。市場、教会、市庁舎を含む古い市場町と、それを取り囲む——といってもなお市壁の内側だが——十四世紀の新しい市区である。

しばらくのあいだ、通りを走る自動車と、古い家々の屋根に立つテレビ・アンテナを忘れ、近代的

今日なお，帝国直属自由都市ネルトリンゲンの鳥瞰図は，理想的な中世の都市像を示している．シュタウフェン時代の都市の中核を，市壁に守られた14世紀の都市が帯のように取り巻いている．

な住宅区、市門の外に駅をおく鉄道から目をそらして、六百年まえの中世の都市のなかに身をおいてみよう。大きな都市も小さな都市も、根本的にはみなこれと同じような外観を呈したのかもしれない。といっても、なにも、どれもこれもが一様だったというわけではない。そう考えてはとんでもない間違いに陥る。ドイツの風景はそれぞれの都市に独特の相貌を与え、それが今日なお、過去の時代の市民の家や手入れの行き届いた記念建造物に反映しているのである。

北ドイツの煉瓦造りの建築、フランケンの木組み（ファッハヴェルク）家屋、あるいは破風にきらびやかな絵を描いた南ドイツ、南西ドイツの家々は、都市の風景を支配し、それに影響を及ぼした。アルプスの南、ロンバルディアやトスカーナの都市はこれとはまったく違って、高い家が建て込み、しばしばたくさんの塔が立っていて、そこから、敵視し合う家族がお互いに相手を見下ろそうとしていた。しかし根本的な特徴はどこでも同じで、日常生活も、南北を通じて似たようなものであったろう。市場が都市の本質的標識であることについてはすでに述べた。この市場は、すでに十一世紀、十二世紀に目抜き通りを拡張してできたもので、今日なおディンケルスビュール、ブライザッハ、レムゴあるいはボルツァーノに見るいわゆる道路市場であるが、十三世紀の都市は市場を中心と考え、中心というにふさわしく造ろうとした。市の真ん中におくばかりではなく、経済的、精神的な中心にしようとしたのである。

ここに市の主教会――その意味についてはこれから詳しく述べる――と市庁舎が建っていた。近代的な大都市の生活の多忙にとりまぎれて、中世の都市文化の痕跡がもうめったに発見できなくなって

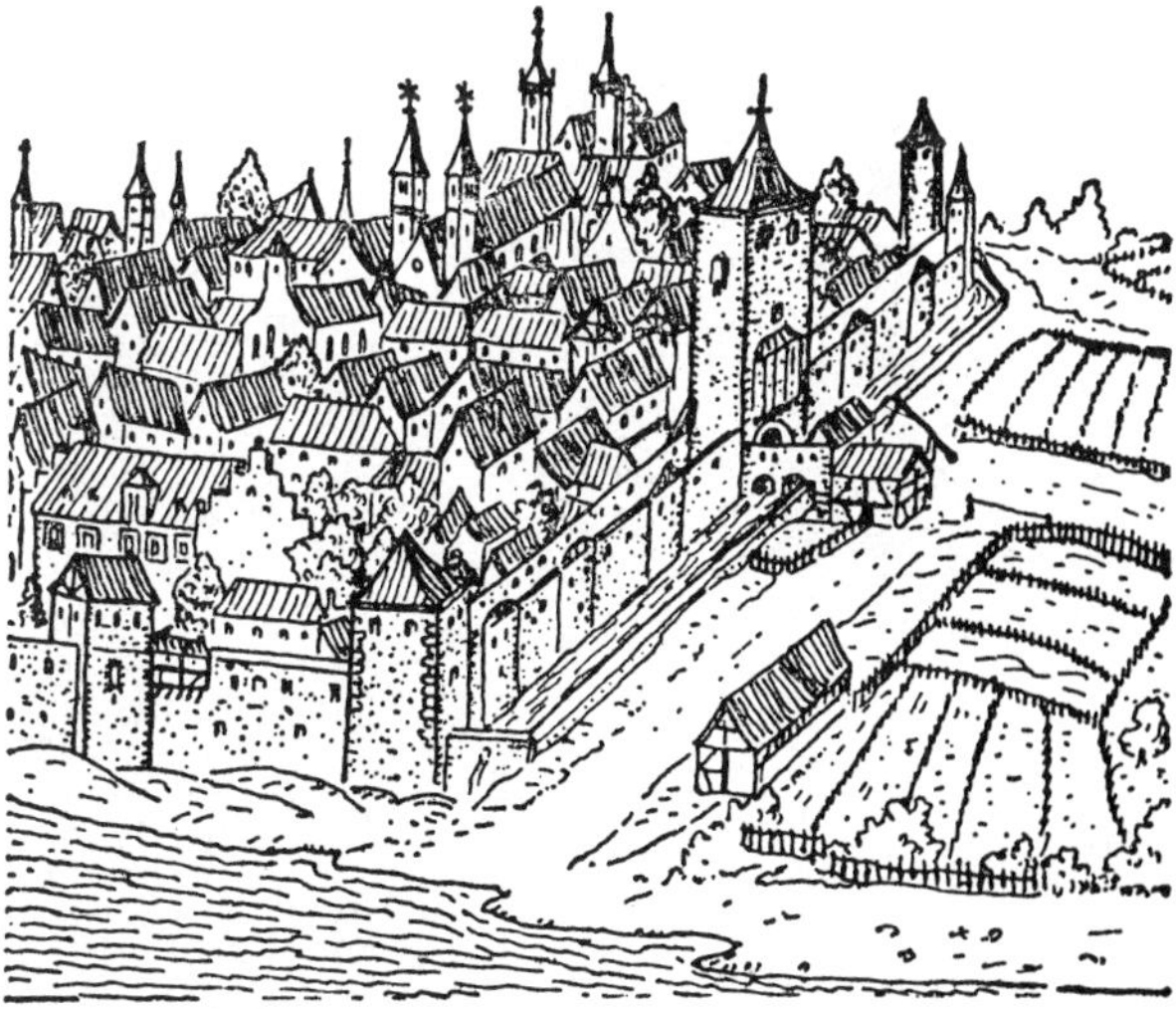

川にのぞんで市壁をめぐらした都市. 16 世紀のあるスケッチによるヴュルツブルク市の風景.

いるようなところですら、古い市庁舎は依然として市民階級の権力と名望を証している。しかしそれらはたいてい、都市がすでにその意義の頂点を過ぎた十五世紀、十六世紀にできたものである。

都市が専用の参事会の建物を建てたのは、ようやく十三世紀になってからである。このときまでは、市参事会は必要に応じて教会、大商店、あるいは市の支配者の家、ときには野天でさえ開かれることがあった。一二二〇年ごろ、ヴォルムスの市民が参事会用の家を美々しく飾り立てて司教からの独立を強調したものの、皇帝フリードリヒ二世の命令でそれを取り壊さなければならなくなった。しかしそれは、同じ場合にあとで新しいのを建てる結果を招いただけのことであった。

諸処の市庁舎は設計において似通ってい

た。一階にはたいてい通り抜けのホールがあり、商人はそこに品物を並べることができた。もう一つ別のホールが上階を占め、ここに投票権を有する市民が集まり、ここで市参事会が開かれ、ここで公判が行なわれた。参事会員と裁判官には、その職務の重要さをできるだけはっきり見せつけてやらなければならなかった。そのため、きびしく法を守るように警告する意味で、ホールの壁には好んで最後の審判の場面や、ときにはまたソロモンの判決のようなモティーフ、あるいはカンビュセス王が不公正な裁判官の皮を剝がせた場面などが描かれた。

市庁舎と並んでしばしば、「ルークインスラント」、すなわち、たとえばアウクスブルク市庁舎のそばのペルラッハ塔、ブリュージュ市庁舎のそばの有名なブフロワのような高い塔が立っていた。その先端から塔守が、危険が迫ってはこないか、火事が起こってはいないかを見張った。

北ドイツおよび中部ドイツの都市の市庁舎の前には、今日なお時折、抜き身の剣を手にしたいかにも戦闘的な甲冑姿の男の像を見かける。そういう騎士のなかでおそらくもっとも有名なのは、「ブレーメン市庁舎前の巨人ローラント」であろう。こういう像の意味については、意見が分かれる。それを上級裁判権の象徴と見ようとする人もあるが、もしかしたら、都市の自由の告知者としてのドイツ皇帝を表わしているのではないだろうか。

市庁舎と同じく、噴水も市場にはつきものであった。たとえばニュルンベルクの「美しい噴水」のような特別目立つものはわれわれの興味を呼び起こすが、一般に古い都市の噴水には今日のわれわれはほとんど注意を払わない。しかし市の長老たちが、市場にある大きいものも、ほうぼうの道路にあ

アルスフェルト（ヘッセン）の市庁舎．石造りの1階はアーケードになっており，かつてはここで市場が開かれた．2階より上は美しい木組み建築である．16世紀初期.

ブレーメンの市庁舎の前に立つローラント像．この石像は，木像が破壊されたあと，1404年に置かれたもの．司教座聖堂をにらんでいるこの像は，今日ではブレーメンのシンボルである．

市壁の築造をしている左官と石工．フランス人の手に成る『エルサレム年代記』（15 世紀）にのせられた細密画．

中世都市の市場．手前左方の売台に商人がいる．ディーボルト・シリングの描いた1513年の『絵によるルツェルン年代記』．

る小さいものも含めて、これらの噴水に特別に気を配ったのにもいわれがないわけではない。都市にとって生活上必要なものだったからである。「水の流れる泉」の場合、水はしばしば遠い市外の水源から引いてこなければならなかった。単純な汲み井戸のほうがそれより数が多く、まだポンプは知られていなかった。ポンプが現われたのは十六世紀になってからのことである。男たちは市庁舎のなかにあるツンフトの部屋に集まり、女たちは噴水をお気に入りの集合場にして、水を汲みながらうわさ話に花を咲かせた。

ドイツの南部および西部の多くの都市では、市場から実にたくさんの小路がごちゃごちゃと分かれ出ている。だが都市が建設された時代がのちになればなるほど、その区画は整然としてくる。新しい地区と古い地区をはっきり区別できる場合も多い。とりわけ東部に新しく建設された都市では、組織的な町造りが支配的である。道路はめったに変更されることのない不動の計画に従って建設された。市場から主要道路が直角をなして四つの門に走り、多くの場合、小さな道路がまた直角にそれと交差した。古い開拓農地から発展した都市——したがってドイツの南部および西部にある——では、小路の不規則さと狭さという性格が、たくさんのアルコーヴや張り出した上階のためにいっそう強められたようである。実際、両側の家が小路の上に張り出していたので、ときには、隣同士が握手の手を差しのべることができたほどだった。

中世の市民が今日のようにきびしい建築規制に従うことはめったになかった。張り出しには、ときとして市参事会が干渉した。建築主があまりに自信たっぷりにかってなことをやると、家を取り壊さなければならなくなることもあった。だが、金を払ってすむこともあり、そうなると害悪は除去されずに終わった。ストラスブールの大聖堂の外壁にはいまなお、張り出し相互間の規定寸法が記されているのを見ることができる。

こういう張り出しがあればもちろん、道路には、必要な光と太陽が十分には入ってこない。道路の状態はどういう点からみても「暗い」一章である。アスファルト舗装に慣れた近代人が古い小都市を訪れると、雨の日には不規則な玉石舗装の道に小さな凹《くぼ》みやあぶない穴、深い水たまりなどができているのにぶつかって文句を言いたくもなるだろうが、この舗装からしてすでに理想的な解決だったことを見落としてはなるまい。プラハではようやく一三三一年、ニュルンベルクでは一三三六年、フランクフルトに至ってはやっと一三九九年に舗装が始められたのである。それも、もっとも重要な道路だけにかぎられていた。今日ではフランクフルトの主要商店街のひとつである「ツァイル」は、一五六二年にはまだ舗装されておらず、「いささか性悪《しょうわる》で冬にはたいそう深かった」

市民はかなり工夫の才に富んでいたに違いない。なにしろ、今日の野道と比べて大してましとはいえない未舗装の土の道にできたきたない大穴をなんとかしようとしたのだから。道路の交差するところには飛び石と踏み板が置かれた。重要な道路には、ときに厚板、小石、あるいは砂が敷かれ、そういうときにはいい意味での石道という名で呼ばれた。

道路がただの土だったり、あるいは小石が敷いてあったり舗装してあったりした場合でも、泥や汚物がごろごろしていた。市民が小路にごみくずをぶちまけたからである。ごみバケツもなければ道路清掃も行なわれなかった時代に、ほかにどこへ捨てたらいいのだろう？　ごみや汚物が窓からほうり出され、便器の中身まで道路にぶちまけられた。ザクセンのツィッタウでは、一五六七年にもなお都市法に、朝の「祈りの鐘」と晩の「ビールの鐘」のあいだだけは、小路に便器の中身をぶちまけて何も知らない通行人に迷惑をかけてはいけない、という箇条があった。屋根の水も同じく、しばしば道路上に流れ、汚水だめにはいることはめったになかった。それで湿気がますますひどくなった。

さらに、愛すべき家畜がそれに拍車をかけた。多くの市民が小農と同じように、家のそばの家畜小屋や庭の板囲いのなかに牛、山羊、豚を飼ったからである。メールヒェンの中で豚飼いにお目にかかることがよくあるが、これもかなり重要な存在であった。毎日、町の外へ豚を追って行って、晩になると持主のところに連れて帰るのがその仕事であった。しかし飼主がそんな手間をかけず、豚どもを通りへ追い出すだけですませてしまうこともよくあった。そのため一四一〇年、ウルム市参事会は、豚を通りに出すのは昼の十一時から十二時までのあいだにかぎるという命令を出した。一四八一年にフランクフルトでは、豚を飼うのは新市区とザクセンハウゼンに制限され、ブレスラウでは一四九五年、豚を自由に往来を歩き回らせることが禁止された。飼ってもいい豚の数が規定されたことも何度かある。しかしその場合、ときとして市参事会員には例外が認められた。

——ニュルンベルクの道路清掃は一四九〇年に作られたある詩の中で、つぎのように称えられている

パン屋と雑貨屋は自分の家に
けっして
十頭以上の豚を飼ってはならぬ。
しかし、なお飼育を行なう者は
市門の外で飼わねばならぬ。
下男一人を係にして
毎日、桶を持って出て行かせ、
死んだ豚、犬や猫、
腐った鶏やねずみを
投げ捨てたやつがいて、
そいつを見つけたら拾い上げ、
桶に入れて市門の外に運ばせる。
それで道路は清掃される……

このように戸口の前と道路上の汚物の山を少なくともある程度片づける仕事は、たいていは市民自身に任せられっぱなしであった。だが、なかなか自発的な掃除が行なわれなかったことは、一四五二年にレーゲンスブルク市参事会が出した告示を見ればよくわかる。それは、聖体節の行列のまえに市民に、「各人は町なかの肥やしを運び出し、汚物にはただちに藁をまぜて、一週間後に捨てるべきこと」を命令した。ごみは全部、たいてい、市壁のすぐそばにあるいわゆる「汚物の山」に手押車で運び集められた。屠殺場の汚物も、「夜の王様」あるいは「秘密掃除人」の手で肥えだめから汲み取られた人間の排泄物も、そこへ運ばれた。どんな悪臭を放ったかは容易に想像がつこう。こんな状況だったから、市の役所もある程度の時間的間隔を置いて、汚物の除去にかなりの費用をかけざるを得なかった。

これでは市民が、乾燥した日にでも道路を通りたがらないのはあたりまえである。まして、雨で道がぬかるんだときは危険だった。道路をなおすべき沿道住民がしばしばその義務をいいかげんにしか遂行しなかったからである。それでたとえば、皇帝カール四世の官房長ヨハン・フォン・ノイマルクトが、ニュルンベルクでは道路上にごみくずの山が盛りあがって、騎者は馬が転ぶのではないかと心配しなければならないほどだ、と文句をいうようなことも起こっている。ロイトリンゲンでは、皇帝フリードリヒ三世が、馬もろとも底なしの道路のぬかるみに沈みそうになった。これなどたしかに特別目立つ事件であるが、それでも、市民が道路上を移動するのに、ふつうに歩くよりは飛びはねたり、竹馬に乗ったりすることが多かったのではないかと考えられる。道路を通行するには木靴がどうしても必要であった。昼より夜のほうがもっと始末が悪かった。道路照明がなかったからである。照明がされるようになったのは十八世紀にはいってからのことである。ときには鉄鍋に輪形の硫黄と樅《もみ》の木の薪を入れて火をつけた。夜外出するときには、たいまつあるいはカンテラを持たなければならなかった。

　こういう状況が明るいところを避けるやからに好んで利用されたことは当然である。市参事会はこういう連中をも、厳罰をもって取り締まろうとした。一四四六年、謝肉祭のとき、アウクスブルクで五名の職人が夜、大暴れをして数名の市民をけがさせたとき、おもだった者は目をえぐられ、ほかは鞭叩きの刑に処せられた。禁錮刑や曝《さら》し刑は珍しくなかった。こういう乱暴者は永久に市から追放されることもあった。

　夜の道路での秩序と安全の責任を負ったのは夜警である。その後の数世紀には、夜警は眠気のさめない小都市住民のシンボルにされてしまったが、中世における彼らの意義をけっして過小評価してはならない。塔守とともに、特に火の番がその役目だったからである。

　家は主として木造だし、町はすっぽりと狭い箱のなかに入れるような造り方をしてあったから、火事は致命的になりかねなかった。市民は火事の恐怖におちおちしていられなかった。事実、大火災を記録していない年代記はない。ヴォルムスだけで、一二二一年から一二九八年までのあいだに七回の大火災が報告され、その都度、市街区が全部――一二四二年にはさらに市の半分が――灰燼に帰した。ミュンヒェンでは一三二七年に市の三分の一が焼け、一四一八年には次の大火が報告されているが、けっしてそれが最後ではない。

　都市は建築の規制で火災の危険を避けようとし、特に十四世紀以後、藁屋根とこけらぶきの屋根を禁止した。また、職人は晩鐘後、外で火を燃やすことを許されなかった。塔守は上空から火事を発見すると、角笛の合図で警報を発し、半鐘を鳴らして市民に知らせた。市民はそれを聞くと、ただちに出動しなければならなかった。ミュンヒェンその他二、三の都市では、女が火元に駆けつけることは堅く禁じられていた。いっさいのパニックを避けるためである。しかし、消防団を助けるために水桶の準備をさせられた。手桶その他のあらゆる容器で火の猛威と戦わなければならなかったのだから、市民も気の毒である。なにしろ、手動ポンプが出現したのは十五世紀にはいってからのことだったのだ。

ここでまた、平時の日中の道路に話をもどそう。道路にはあまり見るべきものはなかった。現代式の展示窓など、当時はまだなかったのである。とりわけ小都市では、家々のファサードは単純で、飾りけがなかった。石造建築がだんだんに単純な木造家屋、木組み家屋《ファッハヴェルク》に替わるようになった十三世紀以降、裕福になってきた個々の市民はそれを外面へも示そうとして、堂々たる居宅を建てはじめた。

十五世紀にはもう、のちに教皇ピウス二世となるイタリア人、エネア・シルヴィオ・ピッコロミーニが、ドイツを旅行したときに、ドイツ人ほど美しい都市を持つ国民は世界じゅうのどこにもいないと言うほどになった。彼はニュルンベルクの市民の家を王宮にすら比している。ともかくこの評価には重みがある。エネアは旅行の経験が豊富な人物だし、故郷イタリアのもっとも富裕な都市を知っていて、比較の機会はいくらでも持っていたのだから。しかし、ニュルンベルクやアウクスブルク、リューベックあるいはケルンの富裕な商人と声望ある職人とがやってのけたことを、そのまま多くの小都市にあてはめることはまだなかなかできなかった。小都市では、市民の富の発展はなお多くの場

メルズンゲン（ヘッセン）の市庁舎（中央）は見事な木組み家屋である．1556 年建立．周辺の建物も大部分は 16 世紀のもの．（上）

リューネブルク（ニーダーザクセン）の家並．かつては地下水からの製塩が行なわれ，ハンザ都市として栄えた．（下）

合、市庁舎にのみその表現をかぎられざるを得なかったのである。

一般に、道路にはもう名前がついていた。特別目立つ家の名、あるいは名望あるその所有者の名をとった道路もあれば、騎士小路、司祭小路のように身分によるものもあり、そこに住んでいる人間の職業にちなむものもあった。「ユダヤ人小路」というのにほうぼうで出くわすのも、多くの都市にユダヤ人が住んでいた証拠である。中都市および大都市では、彼らは独自の自治体を形成していて、一つや二つの小路ではとうてい足りなくなり、ユダヤ人家族は特別の小住居区にはいった。もともとは経済的あるいは宗教的な考慮から自発的にまとまっていたのが、十三世紀以降は強制になった。フランクフルト、アウクスブルク、ケルン、レーゲンスブルク、ニュルンベルク、プラハ、ウィーン、ヴォルムスなどの大都市では、ユダヤ人は強制的に一定の地区、すなわちゲットーに住まなければならなくなったのである。この地区はしばしば、塀や門で、市のほかの部分と隔てられていた。

ユダヤ人の住民は、服装においてもキリスト教徒の市民とはっきり区別がつくようにしなければならなかった。これは一二一五年以来、教皇インノケンティウス三世のきびしく命ずるところであった。もっともドイツでこの教皇の命令が実行されるようになったのは、十四世紀以降のことである。それ以来ユダヤ人は、黄、青、あるいは赤の奇妙なとんがり帽子をかぶった。のちにはさらに、目じるしとして服の上に大きな黄色の輪をつけるようになった。

ユダヤ人は広範囲にわたって皇帝あるいは聖俗の諸侯から被保護権を買い取りはしたものの、中世都市における彼らの境遇は、快適というにはほど遠かった。復活祭直前の木曜日にあたる聖木曜日から復活祭まで、ユダヤ人は小路や広場に出ることを許されず、金曜日ごとにドアと窓を閉めっぱなしにしておかなければならなかった。しかし、中世のあいだに何度もひどい迫害が加えられるようなことがなかったら、この程度の処置はまだ我慢できただろう。最初のユダヤ人迫害が起こったのは、十字軍の結果である。そのころはまだ市民は、賤民と対立的な立場にあっただけだったが、のちには迫害者に同調した。一二九八年には、いわゆる儀式殺人のかどで、フランケン地方だけでも十万にのぼるユダヤ人が殺されたという。特にひどかったのは一三四九年のペスト流行期である。ユダヤ人は井戸に毒を入れたという罪をきせられたのだ。皇帝カール四世と司教たちが精力的に弁護活動を行なったものの、なんの役にも立たなかった。ストラスブールでは、約二千人のユダヤ人が、ユダヤ人墓地に建てた木のやぐらの上で焼き殺された。ヴォルムスでは、市参事会が火刑を決定したあと、四百人のユダヤ人が焼身自殺をした。マインツでは、ユダヤ人地区の住民六千のうちの大部分が、同じくみずから焼け死んだ。同じ日に、ケルンのユダヤ人地区は殲滅された。まさしく、ファナティズムと集団妄想による暗い一章であるが、これに同時代の一年代記作者がすぐれた注釈をつけている。「きみは、何がユダヤ人を破滅させたかを知りたいと思うか？　それはキリスト教徒の貪欲にほかならなかったのだ」と。この言葉によって、非道な行為の少なくとも一面は暴露されている。この時代、キリスト教徒は利子をとって金を貸すことを許されておらず、都市の金融業はもっぱらユダヤ人の手に握られていたのだ。燃える家の中で、あらゆる手形、借用証書の類が、たちまち灰と化した。

彼らの商売がときとしてどんなにひどいことになったかは、シュヴァーベン同盟の諸都市がベーメ

1493年に刊行されたシェーデルの『世界年代記』に収められたこの木版画は，14世紀におけるユダヤ人焚殺を想起させる．

ン王ヴェンツェルと結んだ取引きによって証明される。諸都市は四万グルデンの金で、ユダヤ人の貸金簿をおさえてその私的な債権を引き継ぐ権利を買い取ったのである。そして申し合わせた期日に、市の役所はいっせいにユダヤ人を襲って莫大な金を搾り取った。ニュルンベルクだけでも当時の金で八万グルデンをせしめた。今日の金になおせば数百万マルクになるだろう。

かつてのユダヤ人地区の痕跡はもうほとんど残っていない。もっともよく知られる有名なものは、プラハにある十三世紀の新旧ユダヤ教会堂とユダヤ人墓地で、そこには何百年もの歳月を経て、見知らぬ中世世界の魔法が今日まで保存されている。

都市を歩いているうちに、市壁に近づく。これも市場と同様、都市の風景にはつきもので、防衛と声望を外部に表わす標識である。今日ではその痕跡がわずかしか残っていない場合が多いが、古い絵を見ているとこの市壁がはっきりと目のなかに飛び込んでくる。すべての都市がはじめから堅固な市壁を築いていたわけではない。十一世紀と十二世紀には、土塁を築いてその上に防御柵をめぐらすだけで満足していることが多かった。ベルリンは一二五一年にはまだ、土と木の防御設備しか持たなかった。しかし大都市はすでに十二世紀末以降、市壁をめぐらすことに努めた。中世後期には、小都市をも含めて、それがあたりまえになった。しかし市壁建造が重い財政的負担になった自治体もあったようで、そういうところでは、税金や道路通行料を重くしてその穴を埋めようとした。ともかく、そういう市壁は飾りものではなく、不穏な時代にあっては安全のために役立った。晩になったら外に、つまり敵の世界に対して門を閉じれば、それだけで安心できる市民が多かったのだろう。しかし市壁は同時に、都市が広がろうとするときには妨げになった。それでしばしば、環状市壁は拡張されるか、もしくはあっさり新しく建て替えるかしなければならなくなった。一四〇〇年以前には、敵に攻撃されたとき容易に突破されることのないように、市壁をなるべく高くした。しかし火器が出現してからは状況が一変した。敵の砲撃に抵抗できるよう、堅固に築くことがもっとも重要な要請となったのである。

市壁の内部に設けた通路によって、敵の攻撃にさらされずにすぐ防戦することが可能になった。市壁にはもともと、ぎざぎざの胸壁がついていたが、のちにはしばしばそれがふさがれ、銃眼に替えられた。ヴュルツブルクでは、この模様替えは十五世紀のあいだに行なわれている。

市民はまた、市壁に加えて塔にも防御の役割を期待した。小都市すら、そういう塔の建設に要する

帝国国有林に囲まれたニュルンベルク．1513年に描かれたこの図には，市壁の前にあった農家や集落が省かれているが，そのためにかえってはっきりした印象を与える．多くの都市は今日よりも人手の加わっていない風景の中にあって，とくにきわ立って見えたように思われる．

費用を喜んで負担した。ゾーストには二十六、シュヴェービッシュ・ハルには三十、シュレットシュタットには三十八、ケルンには五十の塔のほかに、十の塔門があった。ノルトハウゼンに至っては、七十七もの塔があったといわれる。その戦略的な意味は明らかである。城にあってはベルクフリート（城の中心部にある塔で、見張り役をもする）が一種の最後の逃げ場所であったのに反し、都市の場合には、射座を高くして攻撃軍を上方と側方から弓と弩《いしゆみ》の射撃で追いつめることがとりわけ重要であった。しかし古い絵にあざむかれてはなるまい。小さい塔がいわゆる「シャーレ」にすぎないことが多かったからである。つまりうしろがあけ放しだったのだ。

　門もまた都市の防衛施設のひとつであったが、都市の日常生活にも重要な役割を果たした。外界との連絡場所だったからである。ここで人は客を待ち、ここで人は遠方へ旅立つ友人と別れた。日曜日には門の外を散歩した。人気のある民謡の冒頭には、「門の前の井戸のそば」とある。都市に門が一つしかないことはまれであった。都市を貫通する道路のために門が二つ、あるいは交差する街道のために四つある場合のほうが多かった。それに比べると、一二三〇年ごろのベルリンのように門が三つという例は少ない。五つあるいはそれ以上というのはもっとまれで、多くは郊外の門も数に入れての話である。たとえばヴュルツブルクには六つの主門と五つの副門、ミュンヒェンには七つの外門、ニュルンベルクとシュヴェービッシュ・ハルに至っては十の主門と、同数の副門があった。

　主門と副門とに分けることだけでもはっきりわかるように、その防衛設備はいろいろと異なっていた。重要な門は、重要なだけに金のかかる造り方で、多くは塔を備えているか、あるいは側面に塔がついているかだった。また、しばしば二つの部分、すなわち内門と外門に分かれていて、内部には落とし格子、外部には出櫓《ペヒナーゼ》をも備えていることが多かった。出櫓は、包囲されたときに熱いピッチあるいは煮え湯を攻撃軍に浴びせるためのものである。さらに安全を期すために、門から堀に跳ね橋が架け渡されていた。たいていの都市では、市壁の回りに、これまた防衛のために堀が環状にめぐらされていたのである。ときには堅固な木の橋が堀の上に架けられていることもあったが、戦争が始まると、あっさり取り払われた。

門には日中ずっと見張りがおかれた。だれが町に入り、だれが出て行くかを、市参事会がしっかりとつかんでおくようにするためである。たいていは職人が門衛に任じられ、交通をコントロールするかたわら、自分の仕事をすることができた。彼らは朝の鐘とともに門を開き、晩の八時に閉めなければなら

市の内側にある，中世のヴュルツブルクの病院門（病院の近くにあるためにこの名がある）．F・ゼーベリヒ博士の復原図.

中世のヴュルツブルクの病院門（外観）．この門には跳ね橋がなく，橋構造の中央にいわゆる開閉橋があるだけだった．右前方に番人兼収税人の小屋が見える．F・ゼーベリヒ博士の復原図．

なかった。それ以後は、市長が知らない以上はだれも入れてもらえなかった。もちろんこういうきびしい指令が出されていたために、再三再四もめごとが起こった。たとえば若い人たちがおきてを守ろうとせず、むりやり入れろと迫ったときなどにはなぐり合いになることもあったのだ。

多くの都市では、夜、市壁と市門で見張りをすることが市民の義務のひとつになっていた。疲れた職人には、この夜の役目が重い負担になった。ひどくきびしい扱いを受けたのだからなおさらのことである。コントロールする監視員団、これは固定給をもらう一種の警察だが、それが夜の巡回のとき、眠っている門衛を見つけると、哀れにも門衛は刑罰塔に拘留されて罪をあがなわなければならなかった。十五世紀末以降ようやく、都市はしだいに給料を払う専任の門衛をおくようになった。しかし戦時にはまた市民がその任につかなければならなくなり、ヴュルツブルクでは一六五六年にもなお、その義務がある約千二百人のめいめいが、三週間に一度、夜の見張り番を引き受けなければならなかった。

市民は門の外にも住むことができた。かなり離れた田舎に住むこともよくあった。それがいわゆる「プファールビュルガー」——都市の境界杭の向こうに住む人々——で、彼らは都市内の市民と同じ権利は持てなかった。また、市の役職にもつけなかった。

市民にも、つまりその外見とその服装にも一瞥を投げなければ、都市の道路への一瞥は不完全であろう。市民のまとうべき服装はしばしば物議の対象となったが、その有様を端的に示すものとして、一三五六年にシュパイヤー市参事会の出した服装規定をまず掲げるとしよう——

最初に女子について。ふちなし帽、あるいは、巻きつけて四つ以上ひだのできる、クロイゼラーというヴェールをつけてはならない……

編んだ髪あるいはふつうの髪を、垂らしたり、前で巻き毛にしたりしてはならず、髪は単純に束ね上げるべきこと。

人妻あるいは未婚の娘は、細かい刻み目を入れた頭巾をかぶってはならない。また、マント、スカート、あるいは頭巾に、金、銀、宝石、あるいは真珠をつけてはならない。

ファスチアン織りのペチコートあるいはスカートを細ひもできつくしぼったり、胴と胸を締め具で締める、あるいは縛るようなことをしてはならない。

肘から測って一エレ以上の長さの布切れを腕につけてはならない。

次に男子については、帽子に何かの鳥の羽、装飾をほどこした金管、あるいは七宝をつけてはならないことを定める。

また、騎士でない者は、金あるいは銀の縁飾りまたはリボンを頭巾の回りにつけてはならない。

また、上着は膝より下へ垂れなければならず、膝のところ、あるいはそれより上でとまるものを着てはならない。

また、とがったものを靴、あるいは皮ズボンの前につけてはならない。

また男子は、よじれた、あるいは細かい刻み目を入れた上着のすそをつけてはならない。


一般に十三世紀末までは、服装は簡素でつつましかった。女は長いスカートと胴着を、日曜と祭日には長い平織りの服と長い下着、その上に袖の短いセーターを着た。男は長い靴下をはき、ベルトで締めたシャツ様《よう》の上っ張り、あるいは長い服を着た。たいていは肩から掛けるようになっていたマントが重要な役割を果たした。金持ちは裏に毛皮をつけさせた。十四世紀の最初の数十年間にフランスから新しいモードが伝わってきて、たちまち衣装ぜいたくが目立ちはじめ、教会とほうぼうの市参事会はおおいに不満を示した。すでにペトルス・フォン・ツィッタウが一三二九年にこの風潮を嘆いている。「ある者は……蛮族のやりかたにならってひげを生やし、他の者は髪型でまったく女のモードをまねて男の威厳をそこねている。アイロンで髪をちぢらせ、ふわふわ動く巻き毛で肩を飾っているのだ」
やがて、男もカラフルなパンティストッキングをはくようになった。上っ張りが目立って短くなったために不快感を与え、市参事会はもっと上着を長くするよう要求した。多色の華かな色彩が切り札で、それもできるだけ対照的な色が使われた。袖は大きくえぐられて、ぼろぼろに裂け目がつけられた。そして、はく靴はしばしば先がおそろしく高くて、とがっていた。

男の場合には服の短さがとがめられたが、女の場合は逆にその過度の長さが問題にされた。そのため一四二〇年の服装規定には、女のマントと服は床の上に引きずる部分を四分の一エレ（二〇センチ足らず）までにとどめ、袖とボンネットの垂れは地面に触れる程度にすべきことが決められている。真珠をつけたり金糸の縫い取りをしたりすることも、この規定では禁じられていた。ミュンヒェンではもっと規定がきびしく、引きずっていいスカートの長さはわずか指二本の幅と決められた。規制の対象は頭飾りにも及んだ。スカーフとヴェールが一定の長さを越えることは許されなかったとか、二、三の都市ではボンネットの色が白と赤に決められたとかいうような話を聞くと、当時の人々も苦労が多かったことだと言いたくなる。しかし教会から度重なる苦情が出、ほうぼうの都市の当局が共同歩調をとって介入してくるに及んで、人々もさすがにいささかぎょっとした。おそらく——このことはチェコの宗教改革者ヨハネス・フスのある著作物からも読み取ることができるが——十四世紀、十五世紀のぜいたくはしばしば極端に走り、先の見える人たちは、嫉妬と悪意ゆえに平和と秩序が乱されはすまいかと恐れずにはいられなくなったのであろう。中世末ごろにはこういうモード狂いも少なくなり、一般情勢は平静にもどった。

結婚式の披露宴に六皿の料理――市民の家における日常と祝祭

古い家はしばしばたいへんな人気を博す――といってもカメラの被写体としての話であるが。見る人はだれでも、それをロマンティックで風変りだと思う。だが、住むとなったらどうだろう。いや、できればごめんこうむりたい。低くて居心地の悪い部屋、すきま風の吹く隅、急な木の階段、原始的な衛生設備など、そのどこにも今日の居住生活を快適なものにする設備がないことを考えれば、ぞっとせざるを得ないのだ。しかしそういう快適な設備も、整えられてからまだ半世紀もたっていないこと、父母、祖父母はまだはるかに不便な暮らしをしていたこと、そして過去にさかのぼればさかのぼるほどその不便さがはなはだしくなっていくことは、見逃されがちである。

八十年ほどまえ、誤った好古癖から、中世末期の時代をとりわけなつかしんで尊重しなければならないと思い込んだ時期がある。ドイツの市民の家の客間は「古ドイツ風」に家具調度を調えられた。窓には真ん中が丸くふくらんだガラスをはめ、手の込んだ重い椅子と机をおき、彫刻をほどこした燭台や角形《つの》酒杯を用い、壁の棚には大ジョッキをのせる、というふうであった。しかし、中世の家の実際は、とてもこんなわけにはいかなかった。たしかに中世には、富裕な上流階級の家庭があり、そこ

これらの図は12世紀の都市家屋建築の例で，ケルンにおけるかつての住宅を示している．

から一、二の豪華な家具が博物館入りをしている例もある。しかし、ドイツの都市でもほかのヨーロッパ諸国の都市でも、大部分の家はきわめて簡素な、いや、原始的な家具調度を調えていたにすぎない。そして中世人の日常生活も、子供のときから死ぬまでの一生を通じて簡素であり、つましかった。

都市と田舎の差がごくわずかだったのも目立つ点である。シュヴァルツヴァルトのある法度には、村に家を持つ貧しい男はそれを取り壊し、「町へ運ぶがよい。そしてそのままそこに据えておくべきだ」とさえ、はっきりと記されている。したがって、もともと市民の家はりっぱなのが通例ではなく、ごく簡素でつつましいものだったのだ。しかし、時とともに状況が変わりはじめ、とりわけ大都市ではりっぱな住宅がしだいに多く建てられるようになった。

この変化は、石を建築材料に使うことと特に関係が深い。土台はもともと石だったが、上部構造は十四世紀にはいってもなお木造で、そのため、すでに述べたように都市で火災の起こる危険度が高かった。南ドイツではしだいに荒石から切石、北ドイツでは煉瓦を建築材料に使うようになった。しかし中部ドイツでは、木造家屋の柱建築が木組み家屋《ファッハヴェルク》に発展し、木組みのあいだの詰め物には荒石、煉瓦あるいは粘土が使われた。

市壁に囲まれた狭い地域のなかのことだから、建築の場所が少なかったとはいえ、家々は壁と壁を接して建てられたわけではなく、三十センチないし六十センチ幅の空間で隔てられていることが多かった。そういう狭い通路にはたちまち、雨水だけではなく、ありとあらゆる汚物が集まって、そこから湿気と悪臭が住居のなかにまで入ってきた。汚物のもうひとつの集積場は、木造家屋の時代には家のドアのすぐ横であった。ドアが雨風にさらされないように、支柱を立てて階段の上に木造の差掛け屋根、いわゆる「ショプフ」が造られたのだ。この小さな屋根の並びに、家主はしばしば直接地面の上に小さな張り出しを取りつけて一階を拡張した。あるいはまた、この空間を利用して豚小屋を造った。豚飼いの笛の音が聞こえると、豚を簡単に道路に出せるようにするためである。

家はふつう二階建てだったが、大都市では三階ないしはそれ以上のものもあった。市民は差掛け屋根に建物を継ぎ足して空間を広げようとし、おおいに市当局の怒りを買っているのだが、すでに述べたように、上階にも上下に同じく張り出しをつけて拡張した。

都市の住民の多くは手工業に従事するか、商人として活動していたから、一階の広い玄関の間《ま》はもともと仕事場あるいは売場として使われた。ここで家庭生活の大部分が送られたため、十六世紀のは

『マリアの生涯』（1503 年ごろ）に収められた有名なデューラーの木版画には，玄関の間で，忙しそうに立ち働く近所の女たちに囲まれてベッドに寝ている産婦が描かれている．

じめになってもなおアルブレヒト・デューラーはある木版画で、マリアの出産の場をこの部屋にし、そこに快い居間の性格を与えている。この玄関の間の真ん中に、本来は大きなかまどがおかれていた。これは暖房用と料理用の二役を果たすもので、真に家庭生活の中心であった。それからしだいに、前の道路へ向かって店《みせ》が、後ろの庭のほうへ向かって台所とかまどが、というふうに、個々の部屋が切り離されるようになった。上階へ行くには、玄関の間《ま》の後ろのほうにある階段を使ったが、これはしばしば、いくらか上等の鶏小屋の梯子に似たそまつなしろものだった。ときには、家の外の後ろ壁に取りつけられていることさえあり、その下に板囲いのがらくた置き場があった。この囲いのなかには、そまつな寝床を入れて人を泊めることもできた。ある中世ドイツ語の物語に、けちな息子がここに老父を入れたことが記されている。

一階が手工業と商業のためのものであれば、上階はもっぱら家族用に使われた。十四世紀以降、家族生活はしだいにこの上階で営まれるようになった。玄関の間と同じようなふうに分割して造りなおされたのである。家に三階あるいは四階まであると、雇い人や手伝いの職人は上へ行かなければならず、ある階では家族と場所を分け合った。その結果として、家族のそれぞれが占める場所がひどく制限されることになった。十五世紀にもなお、上流階級の若い夫婦でさえ、両親の家の裏部屋に住み、専用の台所も持てなければ独立の家計も営めないことがしばしばあった。

衛生設備も悪かった。便所は裏の庭への出口のそばか、流れ水の上の張り出しのなかかに設ける――実際的でないことはないがあまり衛生的ではない――ことで満足しなければならなかった。そして風呂にはいろうと思えば、部屋のなかでたらいを使うか、風呂屋に行くかであった。風呂屋のことにはあとで触れる。

中世の家の生活には欠けているものが二つあった。採光と暖房である。それは、ガラス窓の出現がようやく十五世紀末で、市民はそれまではかなり原始的なやりかたで間に合わせなければならなかったことと関係がある。一般に、窓の穴はかなり小さくしてあった。そうやって冷たい外気を防ごうとしたのである。春と夏には窓は開け放された。しかし寒い季節には、そこに木のよろい戸が取りつけられ、小さな心臓形の穴から数条の光線が部屋のなかに流れ込むだけだった。ときには真ん中の部分

15世紀後半の市民の居間．左手に大きなカッヘルストーブ，後景にブッツェン・ガラスをはめた窓が見える．木の天井からさがっているろうそく立てから，必要な明かりが得られる．母親が娘に糸紡ぎを教え，父親は男の子にちょうど算数の授業をしているところである．

が開いたままで、そこに何かの袋の布、あるいは羊皮紙をかぶせることがあった。窓にガラスがはめられるようになって、この状況は多少とも改善された。ほかのことでもそうだが、この場合も世帯主の収入が重要な役割を果たした。ガラス窓はまず、都市貴族の家の豪華な部屋に見いだされることから、それがわかる。簡素な市民の家においても、しだいに、さきほど述べた小さな採光穴にガラスがはめられるようになり、それから上半分が、ずっとのちになってから窓全部が、ガラスに変えられた。これはたしかに相当な進歩と見なしてよいが、この新しいガラス窓を通しても外はあまりよく見えなかった。小さくてかなり厚いガラスばかりでできていたからである。「ブッツェン」といわれるこのガラスは、鉛のなかにはめ込まれ、金属枠に入れて継ぎ合わされた。十六世紀のはじめになってようやく、公の建物や料理屋に、しだいに大きなガラス窓が使われるようになった。

緑色がかったこのブッツェン・ガラスは、ある程度住居を明るくはしたが、寒いすきま風を防ぐのにはほとんど役に立たなかった。冬にどうやら役に立ったのは厚いよろい戸で、これになお藁を詰めた。家じゅう至るところにのさばっているしめっぽい寒気に対しては、ストーブが戦いを挑まなければならなかった。玄関の間《ま》の真ん中にあった大きなかまどのことはすでに述べた。それが台所へ追いやられたあとにストーブが登場した。はじめのうちはなお、石と粘土で造った単純で農村風な形で、今日でもときどき田舎で見かける大きなパン焼きがまに似ていたが、十五世紀のはじめから陶製のカッヘルストーブになった。こうなるともうストーブは、とりわけ上流階級の家では部屋の装飾品であった。こういうカッヘルストーブの特別美しい見本を、今日なおわれわれはモーゼル河畔に建つエルツ城の居間のひとつで嘆称することができる。しかし一般的には、快適な居住性とはあまり関係がない。低い梁天井の部屋がいささか重苦しい印象を与えるからである。壁の装飾は客間にしかなかった。上流階級の家では、壁に絵が描かれ、主婦と女中が好んで自分で編んだ壁掛けが掛けられていた。彼女たちはそれで、自分たちの趣味と芸術的な能力を実証することができた。しかし市民の家では、じゅうたんはまだふつうではなかった。床《ゆか》はたたきか、さもなければタイルで、のちには木が使われた。祝祭日には主婦は花か草を床にまいた。この風習は十六世紀になってからしだいにすたれていった。

家具はそれほど多くはなかった。テーブルはもとは一枚板で、必要なときにそれを台の上にのせ

装飾のたくさんついたゴシック式の寝台.

た。椅子は背もたれのない低い腰掛けだった。今日いう意味の椅子はまれで、家におそらく一つか二つしかなかったろう。そのぶんだけ好んで壁ぎわ、張り出した部屋、ストーブの回りなどにベンチがおかれ、それにはしばしば美しいクッションが張られた。

特に柔らかいクッションはオリエントから借りた言葉を使って「マトラッツ」、「マトラス」と呼ばれた。戸棚と長持は、しばしば、廊下あるいは玄関の間《ま》におかれた。寝室のなかには巨大なベッドがあった。たいていは、藁袋かマットを敷き、麻布と羽根ぶとんをのせた大きな木の箱である。頭上に木製か布製の天蓋が覆いかぶさり、両脇にカーテンまで垂れていることが多かったから、そのなかに寝る人、あるいは夫婦は、新鮮な空気をまったく吸うことができなかった。こんなに非衛生的な怪物がなぜ使われたかを説明するには、ただ一つ、寝室のなかはしばしばひどく寒く、何よりもまず暖かさが求められたという事実をあげるしかあるまい。

台所はたいてい一階の後ろのほうに追放されていた。中世後期には、はじめは玄関の間《ま》にあったかまどもそこにおかれた。ふつうの市民の家では、台所の設備も考えられるかぎり簡素であった。動かせる道具は戸棚に収納された。つましい家庭では、水差しや深皿や壺は陶器だったが、上流の市民の家ではもう錫と真鍮の食器がしばしば使われるようになっていた。ニュルンベルクの理髪師ハンス・フォルツの「家具のすべて」という詩を読めば、台所と貯蔵部屋の大体をつかむことができる。

貯蔵部屋の描写から、市民の家庭の献立表をいろいろと推定することが可能である。週日にはその献立にあまり変化が見られない。パンと穀物がゆ、オートミールと野菜、つまり、自家の菜園でとれるキャベツ、玉ねぎ、パセリ、とりわけ、かぶ、にんじんのたぐいが主であった。それに肉は、簡素な家庭料理にも欠かすことはできなかった。比較的貧しい家庭では、バターはなかったが、そのかわりにラード四分の三とヘット四分の一、あるいはヘットと油菜の油をまぜたものを使った。

ふだんがこういうメニューでは、祝祭日にははめをはずし、機会あるごとに御馳走を食べようとしたのもあやしむに足りない。そういうときには、食卓の板がしなうほどたくさんの食べ物がのせられた。こうなれば市民もおえらがたと同じで、伯爵の食卓との違いは、食器が簡素だというだけであった。フランスのある市民家庭のそういう祝宴のメニューが一つ、いまに伝わっているが、その量と質においてドイツのものもほとんど見劣りしなかったろうと思われる。

第一コース。牛その他の肉のパイ。レンズ豆とねぎ。八つ目うなぎのロースト。ドイツ式肉スープ。魚とチーズケーキにホワイトソース。

第二コース。焼肉。海水魚。淡水魚。肉シチュー。熱いソース（アジアの薬味を加えたソース）にひたした子兎と小鳥。ピサ・ケーキ。

第三コース。鮒《ふな》スープ。鳥の笹身。浮き実のパン入りベーコンミルク。熱いソースにひたした猪のしっぽ。パテを添えた雄鶏の肉。鮒と鮭入りパイ。凝乳入りパンケーキとデザート。

第四コース。ひき割り小麦。狐色に焼いた猟獣と鳥の肉。冷たいサルビアソースをかけた焼魚。裏返したうなぎ。魚のゼリー。雄鶏のパイ。

これを見ては、いや、けっこうなことで、と言うほかはなく、こういう御馳走をどっちみちあきらめなければならなくなる長い精進期間のことを考えてしまう。精進期間は厳格に守られた。復活祭まえの四十日間と、大祭日のまえの精進日がそれである。こういう事情のもとでカロリー表相手にむかっ腹を立てる必要のない中世の人間が、こうもきびしい苦行をみずからに課したことに対して、われわれは敬意を払わざるを得ないが、十六世紀のクッキングブックに出ている、ある農民（！）の精進日における夕食の献立を見ると、その敬意もはなはだしくゆらいでくる。

第一コース。白キャベツサラダ、固ゆで卵添え。それに焼魚。――玉ねぎ入りハンガリー風チーズスープ、ポーチドエッグ。

第二コース。酢づけの黒い鯉。

第三コース。魚のフライあるいは千切りにんじんと野菜。

第四コース。酢づけ鰊《にしん》、玉ねぎ添え。

第五コース。暖いえんどう豆とザウアークラウト。

第六コース。玉ねぎとともに牛乳で煮た棒鱈《ぼうだら》。美しい白色のものにバターを添える。

第七コース。パン菓子、ケーキ、巻きせんべい、ビスケット、小さいブリオーシュ、りんご、なし、ナッツ、チーズを全部一鉢に。


料理の歴史に関するある学問的著作は、この献立に触れて、これがふつうの農民の日常的なメニューではないことを強調しているが、同時に、社会的地位がもっと高くてもっと富裕な層の食卓はさらに多彩だったことを指摘している。

飲み物は――水はひとまず別として――第一にビールとワインであった。一二五六年のランツフートの値段表によれば、ビール一アイマ（七十リットル）は十八ペニヒと定められ（二ポンド半の牛肉は一ペニヒ）、最上のフランケン・ワインは一アイマが七十五ペニヒ、中程度の質のものが五十五ペニヒとなっている。しかし今日の意味でのワインの質は全然問題にならない。しばしば香辛料で強い味つけをしたために、もとの味はほとんど消えうせてしまったからである。もちろん、当時のぶどう栽培地域で造られた質の悪いワインには、どうしてもそういう方法を講じなければならなかったこともたしかである。それでも、ワインに胡椒《こしょう》、あるいは、ところによっては香辛料と蜂蜜が加えられたことを考えるとぞっとする。こんな状況では、あるときバイエルン公が「もう一度杯をよこしたまえ。この酒はまじりけなしの油だ。口がべたべたにはりついてしまう」と言ったのもむりはない。そして恋愛歌人《ミンネゼンガー》のシュタインマルは、一三〇〇年ごろに飲み屋の亭主に向かってこう叫んでいる。

飲ませるものにいつもより
香辛料をうんと利かせろ。
おれたちの体がかっと燃え、
大火事の煙みたいに
息が酒を迎えに行き、
炎をなめてると思い込むまで、
男が大汗かくようにな。
口を薬屋くさくしてくれろ。
そうすりゃ、ワインに酔って黙っててやらあ。
さあ、頭から酒を浴びせろ、おやじ。兄弟ぶんのあかしにな。

もっとも、胡椒や香辛料を加えられたのはワインだけではなかった。食べ物のほうがもっとひどかったのである。ドイツ人はおそらく胡椒好きを祖先から受け継いだのであろう。ゴート族の王アラリ

かまどの前に立つ料理番と料理係の女中．火の上のやかんは必要に応じて上げ下げできる．手前に焼き串．

ックが四一〇年、ローマ市を攻めずにすますかわりに引き渡しを求めた物の中に三千ポンドの胡椒が含まれていたという史実があるのだ。

さて、日常生活、家庭生活は、こういう大小の市民の家の中で営まれた。貧富の対立は、おそらく推測されるほどには大きくなかった。当然、著しい社会的な差はあったが、比較的広い中流層の存在が、都市の日常生活の特徴をよく表わしていた。日常は一様に平穏に流れてゆき、近代人を支配する性急さにはまだ染まっていなかった。家の中や狭い小路にごちゃごちゃに固まって住んでいたから、どうしても協同体意識が強まり、それが宗教的、経済的、社会的な連係によってさらに深まった。これは、城にいる騎士に比べて市民が大いに有利な点であった。こういう協同体のなかに暮らしていると安全感が持て、喜びも苦しみもともに分かち合うことができたのである。

それはすでにお産のときに始まり、親切な近所の女たちが産婦を助けた。中世ヨーロッパ諸国の画家たちは好んでマリアのお産を描き、そういう場面を事細かにわれわれに伝えてくれているが、そこではしばしば、十数人の近所の女たちが、母と子は別としてその他いっさいの面倒をみているように見える。

市民の家で行なわれる家族近隣のお祝いごとのハイライトは結婚式であった。一四〇六年にアウクスブルクでパン屋の娘が結婚式をあげたとき、お客のために牛二十頭、子山羊四十九頭、各種の鳥が五百羽、鵞鳥千六羽、きじ二十五羽、肥育子牛四十六頭、肥育豚九十五頭、七面鳥十五羽が屠殺され、七百二十人の客が招かれて八日間飲み食いしたという話を聞かされると、ある年代記に記されているこの数字が本気では信じられないだろう。しかし多少割引きしてもなおたいへんな数字が残るから、ほうぼうの都市が結婚式での乱費をきびしく規制しようとしたのももっともだと思われる。たとえばフランクフルトは、新郎新婦、コックとその助手を除いて、二十人の招待客しか許可しなかった。客への引出物も、刑罰をもって禁止された。ニュルンベルクでは、披露宴で十二皿以上の料理を出すことは許されなかった。ブレスラウは引出物を禁じはしたものの、そのつど四人の客に少なくとも二十五皿は許可した。ウルムでは特別きびしかった。倹約家のシュヴァーベン人である市の長老たちは、食事を三度に制限し、客一人につき六皿以上出さないように配慮したのである。この市では、ダンスの音楽を演奏するのに三人の楽師しか許されず、しかも飲み物は水だけだった！

こういう処置がどんなにきびしいものだったたか、今日ではもうほとんど信じることができない。しかし一四二〇年のウルムの結婚式条例には、温かい料理は二度、煮物と焼き物、魚とえび、それにアーモンドミルクとアーモンドのマッシュを出してもよいが、チーズはいけないということがはっきりと書かれていた。となると、市のおえらがたが結婚式にいちいち監視人を派遣したはずはないという異議が出されよう。しかし、新郎が披露宴の翌日に市庁舎に出頭して、おきてをきちんと守ったと誓わなければならなかったという事実が、その反証となる。違反すれば罰金を払わされ、さらにしばらくのあいだ市から追放された。

こういう結婚式で、ひどい乱痴気騒ぎになることが、ときにはあったらしい。いずれにせよ、一四六七年にゲルリッツ市が出した条例を見ればそのことが察せられる。この条例にはいろいろと考えさせられるところが含まれていた。つまり参事会は、しばしば若い男たちが風呂屋から浴用キャップをかぶり、腿を露出したまま、じかに結婚式へ行ったことを確認して、「踊ろうと思う者はジャケツとズボンを着用すべし」と命令しているのである。

これはもちろんすべて、私的な範囲内での祝宴について言えることである。本来の婚姻がとり行なわれる教会においては、厳粛な空気が支配した。とはいっても、教会での婚姻が中世全期を通じて当然だったのではなく、はじめは俗人の手で、そしてそれから教会のドアの前で式があげられるようになり、その後ようやく教会での結婚式が徐々に定着したという事実を見逃してはならない。

家庭での祝祭が市当局の規制を受けるほどの規模に膨張する一方、公の楽しい催しも、それに劣らず、つらい日常生活から逃避する機会を提供した。一年間の定期的な催し物は、謝肉祭に始まり、仮装行列と芝居に始まるが、これについては別のところで詳しく述べることになろう。ところがこれがまたしばしば当局の不興を買い、公の仮装行列がときとして規制を受けるようになった。そして市当局みずからがこのころ、実に無趣味な催しを支援したという事実がある。たとえばシュトラールズントでは、謝肉祭のときに市長が、釘づけにした猫を噛み殺した者を「猫騎士」に叙したりした。同じシュトラールズントで、あるとき、市参事会の承認を得て一群の盲人が庭の中に閉じ込められ、そこで野生の豚をなぐり殺さなければならなかった。哀れな人たちがお互いになぐり合って半死半生になるのを、見物人はおもしろがったのだ。

　個々のツンフトに属する職人が、謝肉祭のときに公の踊りあるいは行列をする権利を持っている都市がいくつもあった。ニュルンベルクもその一つで、ここでは肉屋が一三四八年の職人蜂起のときに市参事会に忠誠を守ったということで、皇帝カール四世から「シェムバルトラウフ」を行う権利を認められていた。これは、ひげを生やした仮面をつける一種の謝肉祭行列で、現代のカーニバル行列といろいろ似たところがある。このときも今日と同じく、たちまち行きすぎが目につくようになった。個々のグループが趣向を競い合って、費用がかさんだのである。

　謝肉祭が終わると、マリア踊り、さらにとりわけ聖ヨハネ祭（六月二十四日）の前夜が、新たな楽しみを提供した。そのとき、村や町では火が燃やされ、その回りに老若が集まって歌ったり踊ったりした。ヴュルツブルクでは、司教の廷臣たちがマリーエンベルクの城塞から、しなやかな鞭を使って、燃える木の板をマイン川に飛ばした。そのさまはまるで、火の竜が空を飛んでいるようだったといわれる。夏と秋に行なわれる民衆の楽しみのうちでももっとも人気のあったのが射撃祭である。小銃と弩《いしゆみ》の射手は技を競って、りっぱな賞品を獲得することができた。たとえば一四四〇年、アウクス

いかがわしい公衆浴場.

ブルクで、一頭の馬、二頭の牛、数個の杯と指輪が賞品として提供された。

こういう娯楽の催し物に教会の祝祭と行列、さらに教会の求める復活祭劇、神秘劇——これについてものちに述べる——が加わったことを考えれば、中世の灰色の日常生活にも点々と諸処に色どりがあったことを容易に想像できる。男たちは労働の長い一日を過ごしたあとで、なお少しばかりつきあいを楽しもうと思うと、上流の人士は、市庁舎のなかに設けられていることもある代々なじみの酒場へ行き、職人はツンフトの部屋に集まっていっしょに酒を飲んだ。そのほかになお、醸造所の居酒屋、ワイン酒場、それから最後に、今日なお見かける「枝束酒場」があった。これは、ワインを出すというしるしに木の枝の束を吊るしておく個人の家のことである。今日の意味での旅館は、まず、第一に他郷からの客のためのものであった。

中世の都市にはこれだけではなく、今日のわれわれが知らないもう一つの楽しみがあった。それは風呂屋通いである。個々の家は衛生状態が悪かったために、町の公衆浴場は大きな意味を持った。ニュルンベルクだけで八つ、ブレスラウには十二、ウィーンに至っては実に二十九もの風呂屋があったのである。フランケン地方のゲロルツホーフェンのような小都市でも、二軒の風呂屋が毎週四度営業し、町の人口はごくわずかだったのに、いつも盛況だった。

風呂屋にはふつう、大きな桶がいくつかあり、客はそのなかに浸かってくつろいだ。三助あるいは雇い女にあかをこすり落としてもらうだけではなく、よもやま話をしたり酒を飲んだりするのが目的だった。ウィーンでは風呂屋が朝早く、風呂の用意ができしだい、角笛《つのぶえ》で合図をした。「そうすると」

と、同時代のある年代記作者は述べている。「風呂に入ろうと思う人は、わずかな衣類を身につけただけで、髪にブラシもかけず、はだしでベルトもせずに」浴槽のいい場所をとろうとして駆け出した。

サウナはフィンランドからはじめてわれわれのところにもたらされたものではない。風呂屋にはとっくに蒸し風呂があったのだ。風呂屋の雇い女が熱い石に水をかけ、客たちは血行をよくするために白樺《しらかば》の枝でお互いに体をたたきあった。

教会は男女混浴に強く反対したが、この習慣はしだいに浸透し、風呂屋での酒盛りと結びついて風俗の退廃を招いた。ときには、熱心すぎる聖職者が反対の極に走って、次のように宣言したのも不思議ではない。「風呂に入りたい者は、一年に二度だけは許可を受けずに入ってよろしい。それはクリスマスのまえと復活祭のまえである。その他は、健康上必要なときに許可を得なければいけない」

市当局が条例を出しても、刑罰をもってしても実現できなかったことが、薪の不足と、それからくる燃料の値上がりによってなしとげられた。入浴は値上がりのためにだんだんぜいたくなものとなり、風呂屋通いはしだいにはやらなくなったのである。

囚人のフェルト帽——民衆の敬虔さと救護

パリからシャルトルへ向かう街道を一度車で通った人は、そこに展開される風景をけっして忘れることがないだろう。遠方に、はじめは幻のように、それからだんだんはっきりと、大聖堂《カテドラル》の塔が浮かびあがってくる。車はまっすぐにこの塔目ざして、一キロ、また一キロと走って行く。まるでこの道路には、「ノートルダム・ド・シャルトル」教会との出会いを取り持つ以外の使命はないとでもいうかのようである。やがて町そのものがようやく姿を現わすが、これまた、圧倒的な大聖堂の防壁である以外の意味は持たないもののように見える。

ドナウ河谷のウルム大聖堂《ミュンスター》、ライン平野のストラスブール大聖堂《ミュンスター》、ケルン大聖堂《ドーム》、フライブルク大聖堂《ミュンスター》など、その他いくつかの大教会の場合にも、かならずしも同じように印象深いとはいえないが、似たような風景にわれわれは出会う。それらは近代的な大都市の家の海からそびえ立ち、高層ビルや思い切って大胆な建築を見慣れている今日の人々にもなお深い感銘を与える。そして人々はこれらの大聖堂の大きさと美しさに圧倒されて、それが、六、七世紀もまえに、今日の小都市とほとんど同じくらいの人口しかない町で建て始められたことを忘れてしまう。今日なおこれらの大聖堂は、教会という、すべてを包括する大きな協同体への中世人の組み入れを表わすシンボルであり、彼らの犠牲的精神――つまり、キリスト教的協同体へのこの組み入れを、高価な物質的犠牲によってではあっても、目に見える形で表現しようという気持ち――を表わすシンボルでもある。

これは大きなドームについてのみ言えることではない。中世の盛期、とりわけ後期、都市の繁栄期に、たとい人口二、三千の小都市の教区教会であれ、教会が建てられた町ではどこででも、その教会は誇るべき中心であり、市庁舎あるいは市の砦よりも重要な存在であった。この点では、ドイツの市民はフランス、イギリス、あるいはイタリアの市民と同じ考えを持っていた。

中世盛期はロマネスクの皇帝大聖堂の時代であった。それが、市民が建築主に、大聖堂は市民教会に変わっていった。この重要な社会的変化とともに建築様式の変化が起こり、それがフランスから始まって十三世紀以来しだいにヨーロッパ全域に広がった。イタリアではこの様式に、多少ともマイナスの意味を含めて「ゴシック」という名称を付した。「ゴート人」からきた言葉だから、野蛮というほどの意味を持たせたつもりだったが、それが早くからいい意味で使われるようになった。その建築様式の特徴は、尖頭窓、高いアーチを支え垂直の圧力を柱へ流す肋骨穹窿、側面にかかるアーチの力を受けとめる飛迫控《とびせりひかえ》と扶壁《ふへき》などによって表わされる。こういう基本的特徴は、この時代のすべての教会、それに、代表的な世俗の建築物にも、多かれ少なかれはっきりと認めることができる。

古い都市の図を一瞥すれば、たいていはすぐに、堂々たるゴシックの教会が目につく。それが完成しているとはかぎらない。市民がむりをしすぎたこともしばしばあった。たとえば、実に百六十一メ上. かつてハンザ都市として栄えたリューベックのシンボルともいうべきホルステン門. 1478年建立.

下左. マウルスミュンスター(アルザス). 1150年ごろ建立. ロマネスク建築の例で, 水平の線が強調され, 小さな窓の上辺は丸みを帯びており, 塔は低い.

下右. ケルン大聖堂. 1350年ごろ起工され, 19世紀も末になって完成したゴシック建築. そそり立つような垂直の線が強調され, 大きな窓の上辺はとがり, 塔は高くそびえる.

ートルという、教会としては世界最高の塔を持つウルム大聖堂、あるいは、独特のシルエットを見せるケルン大聖堂は、ようやく十九世紀になってから完成したものだし、ストラスブール大聖堂は、今日なお第二の塔を欠いている。トスカーナ地方のシエーナ市民は、それよりもずっと早く息が切れた。今日おおいに嘆称されるそのドームは単なる翼廊であって、はじめに設計された建物全体の巨大さは、わずかに外壁によってうかがうことができるだけである。

市民も楽ではなかったのだ。こういう建築をするための金をいったいどこから手に入れたらよいのか？　公金、たとえば今日の教会税など、当時はなかった。建築費用は大ざっぱにしか見積もることはできない。イギリスのソールズベリ大聖堂の建造には、完成までの四十二年間に、今日の金に直して十億円を要したことがわかっている。といっても、当時の購買力をかならずしも正確に見積もることはできないのだから、あまり意味はない。

もちろん、大きな教会の場合には王侯が相当な金を出してはいるが、たいていは、市民が重い分担金を払わなければならず、そのぶんは、富者も貧者も、すべての人々が負担させられることになった。

ケルンには、金集めを目的とする「ペテロ兄弟団」なる団体ができた。しかし物品の寄付も常に歓迎された。食料品、生地、衣服は競売されるか、もしくはしばしば巧妙なやりかたで転売された。ウルム市にはその証拠が残っている。ある記録文書に次のような記載があるのだ。「建築開始のときの寄付――ハインリヒ・クラフト市長の外套、二十グルデンで売却。石工の親方夫人のベッド、ヘラー一ポンドで売却。ファスチアン織りの布、二グルデン・三シリングヘラーで売却。ハインリヒ・クラ

尖頭アーチと扶壁を持つゴシックの建築様式の根本要素は，14世紀の半ばごろにペーター・パルラーが建てたプラハのファイト・ドーム内陣の略図を見ればはっきりわかる．

フトの女中の外套、六グルデンで売却。ミラーのチョッキとズボン、六シリング二ヘラーで売却。市長夫人の外套、十五グルデン五グロッシェン。囚人たちの帽子の垂れ飾りとフェルト帽で四シリング」

市長から囚人まで——ドーム建設ともなれば、相手を選んではいられなかった。そして神のためならば、もうけになる商売をやってもかまわなかった。たとえば同じウルムで、ひそかに二百グルデンの献金をした婦人があった。その金で商人が麻の生地を買い、さらして仕立てさせたうえで売った。利益は教会のふところに入り、元金はまた麻布を買う代金にあてられた。これが十数回も繰り返され、もうかった金——元金は別にして——は聖体安置塔を造るのに十分足りたという。

ミラノでは、ろばと肥育した小牛が競売に付され、町の娼婦までが相当額の寄付をしたという話である。

馬車業と下働きも当然、犠牲的に働いた。しかし、市民が敬神の念に駆られて自分たちの手でこういう教会を建てたという説は誤りである。それは、独自の協同体を作っていた石工をはじめとする職人たちにまかせなければならなかった。

大きな教会が建てられるときには、いわゆる建築小屋ができた。親方はそこで、代理人、職人、徒弟とともに仕事をした。日々の仕事は、しばしばツンフトの決まりをはるかに上回るきびしい規定に従って進められた。たとえば一四六二年にロホリッツ市で出された石工規定は、その有様を端的に語っている——

親方はあらかじめ、人に損害が及ばぬようにする能力を示さないかぎり仕事を引き受けてはならない。失敗すれば、建築主ならびにわれわれ職人が仕事を続行させない。そういう場合、親方は二十一ポンドの蠟を罰金として支払い、建築主に損害をつぐなわなければならない。

親方は自分の小屋を争いから守り、裁きの場と同じく清浄に保たなければならない。

他所の親方たちが仕事場に入り込んだときは、一人当たり五ポンドの蠟を罰金として支払わなければならない。

親方がほかの親方を嘲り辱め、相手になんらとがむべきところがない場合、その親方は石工作業から締め出される。

親方はまた、他人をだましたり不正を加えたり娼婦といっしょにうろつき回ったりする職人を使ってはならない。宿や自分の働く家で、人妻や娘とみだらな話をしたりみだらな行為をしたりする者に対しても同様である。そして、ざんげをしなかったり正しい行ないをしなかったりする者は、これを追放し、犯罪人とみなすべきである。

親方の代理人が石を打ちそこねて、その石が使えなくなれば、彼はその石で得た労賃を失い、石がもうなんの役にもたたなくなった場合はその代金を支払わなければならない。親方の代理人は、職人や奉公人が石を打つ仕事をおろそかにしたり、朝食後、決まった時間に来なかったりしたときは、石にしるしをつけなければならない。そして彼らから罰金をとらなければ、自分が支払わなければならない。
親方の代理人は、労働時間中に小屋で飲食することを許してはならない。それが許されるのは午後の休憩時間中にかぎられる。
彼はまた、おやつに一ペニヒより高いものを食べることを許してはならない。ただし、贈り物をもらったとき、遍歴職人がきたときは、そのかぎりではない。そういうときには、親方の代理人は一時間の休憩時間を与えてよい。

建築小屋はたいていは堅固な石造りで、その東の部分に親方の座があった。都市に雇われるのは親方で、給料は親方に払われ、親方一人が工事の責任を負って、職人は親方に無条件で服従した。

職人たちの仕事場は、年齢と声望の順に、建築小屋の両側に縦に並んでいた。職人はめいめい、徒弟時代を終えると自分用の記号をもらい、それを、自分が切った石全部に刻んだ。少し注意を払って見れば、今日なお、多くのゴシックの教会にこういう石工の記号を認めることができる。親方の近くで、代理人が仕事をした。彼は職人たちに対する親方の代弁者であると同時に、職人の仕事ぶりを監督した。時間に遅れてきた者は自分の石にペンキを塗られ、それを消すのにひとほね折った。代理人はまた、できあがった石を検査した。石を切りそこねるようなことがあると、職人仲間が打ちそろってその石をおごそかに埋めた。みんなは楽しんだが、やりそこなった職人は罰金を払わされた。また、秩序に少しでも背反すると罰金を払わなければならなかった。その金は、小屋においてある特別

建築工事中の人夫と石工．左方にさしがねを持つ建築師，後景に踏み車で動かすクレーンが見える．15世紀の木版画．

の箱に入れられたが、それを勝手に使うことは許されず、親方が注意深く保管し、折りに触れて上位の小屋と清算しなければならないことさえあった。金に困ったり病気になったりしたときにはその金を使ってもよかったが、状況が好転すればすぐに返さなければならなかった。職人が死ねば、その持ち物が競売に付された。こうして前貸しを取り返したのである。

賃銀表を見ると、石工の給料が悪くはなかったことがわかる。親方は、建築師と工事監督の仕事を兼ねるとともに芸術的な仕上げにも責任を持たされたのに、職人と比べてそれほどたくさんの金をもらっていたわけではないことが目につく。たとえばミュンヒェンでは、一四五九年のドームの決算書によると、親方は週給六十四ペニヒ、職人は日給が夏八ペニヒ、冬五ペニヒで、それに二週間ごとに一ペニヒの風呂代をもらった。親方にはさらに、三か月ごとに百八十ペニヒの特別手当がついた。

職人はいつまでも同じ土地にいるとはかぎらなかった。ほかの手工業者よりも建築場から建築場へ渡り歩くことが多かったのである。彼らは有名な親方の下で働くことを特に好んだ。たとえばプラハの建築リストを見ると、シュヴェービッシュ・グミュント出身の有名な親方ペーター・パルラーのもとに、ドイツのあらゆる地方から職人が集まってきて働いていたことがわかる。

職人が遍歴の途次、よその建築小屋に行くと、きびしく決められた儀礼に従って採用を頼まなければならなかった。石工は一定の問答によって相手が石工であるかどうかを確かめ合い、挨拶のための握手にさえ、秘密の握りかたと合図がついて回った。

建築小屋の秘密についてはすでに多くのことが書かれている。とりわけ十七世紀のイギリスでは、建築小屋から秘密結社が発達し、「フリーメーソン」として、二十世紀にはいるまで歴史上、政治上、ある種の役割を果たすことになる。こういう秘密がなんだったかといえば、結局はまず第一に、設計についてのある種の神秘的な説明にすぎなかったと考えてよいのではないだろうか。建築師の親方には、参考にすることができる、長年にわたる理論的、学問的研究などはなく、ほかの親方のもとで実地に仕事をして経験を積むほかはなかった時代だということを考えれば、それも別に不思議とは思えない。ゴシックの教会の設計はしろうとには実に複雑で大胆に見えるけれども、その基本原理はきわめて単純なのだということは、すでにずっとまえに実証されている。といっても、ここでわずかの言葉で説明できるほどに単純ではない。設計の出発点となる基本図形は、円と四辺形と二等辺三角形である。この基本図形に、一定の基準寸法と基数が加わる。それから、こういう基本値を何倍かして設計が導き出される。石工はこの計算に秘密のマントを着せ、その回りにある種の神秘的な説明を張りめぐらした。いわゆる建築小屋の秘密はそこから生まれたのである。

教会が完成するか、あるいは少なくとも使える程度までできあがると、今度は同じように注意深く内部の装備が始められた。聖体安置塔あるいは祭壇画取りつけは、全市をあげての祝祭となった。たとえば、年代記作者の伝えるところでは、一三一一年六月九日、ドゥッチオの描いた有名な聖母の絵は、シエーナの全市民の参加のもとに、画家のアトリエからドームへ運び込まれた。商店は全部休業した。司教は、おごそかな行列を作って聖俗の顕職者がそれに加わり、絵に付添って行くようにと指令した。

教会は町の宗教的中心であり、宗教生活に合わせて——外的にも——多くのものが整えられていた。教会の数多い祭のときには、門閥、市の役所および手工業者がわがもの顔に振舞った。職人はいわゆる兄弟団を作ってまとまり、行列のときには旗や標識をかかげて練り歩いた。そして定期的に打ちそろって礼拝に出席し、建築小屋の話で述べたのと同じような、遍歴の職人や病気の職人のための共助制度を作った。

生活に困った人たちを援助するにあたって、教会とさまざまの兄弟団はたいせつな任務を遂行しなければならなかった。贖罪と免罪とともに、喜捨が永久の至福を得るのに最上の手段とされていた。公の慈善施設あるいは国家による援助制度がない時代には、これがどうしても必要であることは実証されている。都市にいた無数の乞食については、のちになお述べることにしよう。乞食は一国の災いとなるおそれがあり、どうしても協同体で面倒をみてやらなければならなかった。いわゆる救貧兄弟団、あるいは救貧ギルドがその任にあたり、貧者ホームに一定期間住む許可を与えた。門閥とツンフトは競って、生活に困っている人々の援助のために独自の基金を作った。こういう貧者ホームの住人は、生活費の一部を物乞いによって支払い、さらに、収入のうちの一定パーセンテージを、物乞いについて行けない仲間に与えなければならなかった。

老人と病人の世話も兄弟団のたいせつな義務であった。病人のなかでももっともきびしい運命を担わなければならなかったのは癩病患者である。今日のわれわれは、癩病を、とっくに克服された病気と考えることに慣れている。くずれた顔や腐れ落ちた手足に対してさえ、無感覚である。しかし中世の諸都市では、癩病は神の笞《しもと》とされた。この病気に取りつかれた者は、大は町村、小は家族などいっさいの協同体からはじき出された。市民が癩病にかかると、司祭が全教区民とともに教会へ連れて行った。病人はひざまずいて、最後のミサを聞いた。そのあとで司祭が聖別したラザロ服、つまり癩病服――そまつな修道服である――と、手袋、飲み水を入れる木鉢、食べ物かご、それにがらがらを手渡した。がらがらは、近づく者に警告を発するためのものである。それから人々は、おごそかな行列を作って、葬いの歌を歌いながら、病人を市門の外の癩者の家へ連れて行った。この家が、そまつな小屋だった場合も多い。そして、布で覆った病人の頭に土を振りかけ、おごそかに、健康な人間との行き来をいっさい禁止した。病人とのつながりは、祈りと喜捨を通じてしか持てなかった。もっとも

ライン河畔フォルクアハにあった病人を看護するための教会の施設．病人はベッドに寝ており，衣服は横木に掛けられている．右隣に礼拝堂が接しており，その中に祭壇と聖水盤が見える．

恵まれた場合には、家族が小屋の近くに食べ物をおくことができたが、そのほかは、病人は兄弟団の贈り物に頼るしかなかった。病人と老人は、ほとんどどの大都市、中都市にもあった施療院で世話を受けた。世話をしたのは施療会の会員で、この人たちは施療院のなかに住むか、もしくはときどきそこへきて奉仕をした。

フィレンツェには今日なお、ミセリコルディアという中世的な兄弟団がある。その会員はあらゆる職業層

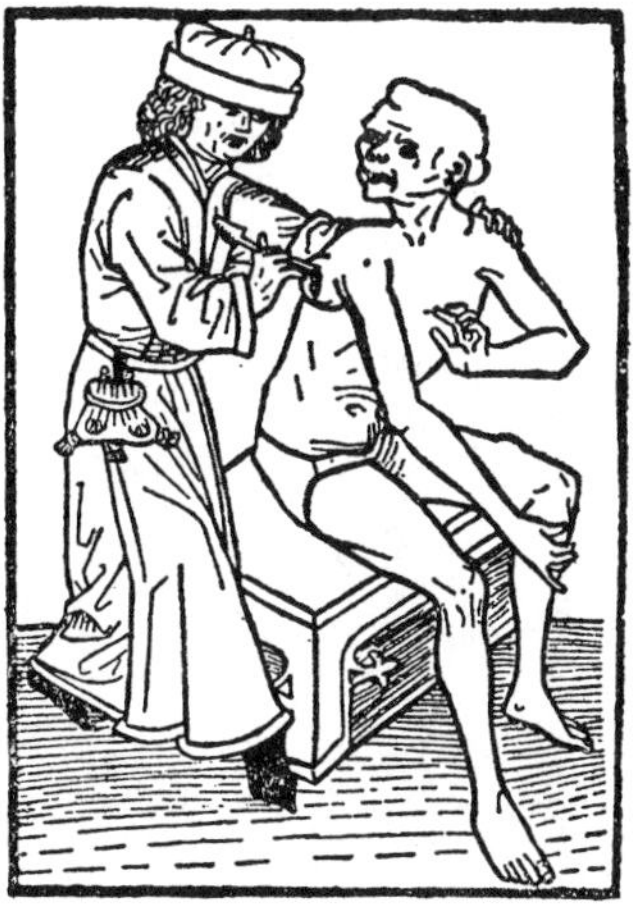

医者がペスト患者のこぶを切り開く.
1482年の木版画.

の人たちで、彼らが平服の上に黒い修道服を着、無気味なペスト頭巾をかぶって目だけ出しているさまを、ドームの向かい側にある彼らの住居のなかに見ることができる。彼らは人に知られずに、無料で、病人を病院へ救急車で送り込む仕事を引き受けている。

この人たちの頭巾は、きわめて衛生状態の悪い中世都市にとって特別おそろしかった時代の最後の記憶である。それは黒死病、ペストが襲ってきた時代であった。ペストは中世に、何度か大きな波となってヨーロッパに襲いかかった。もっともひどかったのは十四世紀中ごろのものである。年代記作者たちの記述を信用してよければ、バーゼルで一万四千、ストラスブールで一万六千、リューベックで一万八千の人がその犠牲になったという。ドイツ全域で百万人以上が死んだとされる。患者はほとんど助けようがなかった。病気にかかると、胸に大きな黒いこぶができ、鼻血と発熱が加わって、たいていは数日後に死んだ。

ペストが南方からドイツへ押し寄せてこないうちは、ユダヤ人が井戸に毒を投げ入れたためではないかという疑いが強く持たれた。恐ろしいユダヤ人迫害については、別のところですでに述べた。時を同じくして、宗教的ヒステリーが起こった。人々は贖罪の行《ぎょう》によって病気から身を守れると思い込み、徒党を組んでいわゆる鞭打ち苦行者の旅に出た。こういう鞭打ち苦行者兄弟団に加わったのは、はじめは男だけだった。彼らは群れをなして町から町を渡り歩いた。市門の前で二人ずつ並んでものものしい行列を作り、教会の鐘が鳴っているあいだに、敬虔な歌を歌いながら、中央広場か教会墓地へ向かって行進する。そこに着くと、円陣を作り、ズボンを残して靴と服をぬぎ、地面に倒れ伏して、めいめいが象徴的な身振りによって、自分の犯したおもな罪を告白する。偽証者は脇腹を下に横になって三本の指を宙に伸ばし、姦通した夫は腹ばい、人殺しはあお向けに寝る。それからまた起きあがって、革鞭でお互いに背中を血の出るほどなぐり合う。恍惚とした狂信的な目つき、血を流す肉体、鞭のうなる音、その音を圧倒する贖罪の歌声、それは実際ぞっとするような光景だったにちがいない。恐れをなした市民は、そのあいだに彼らのために喜捨を集め、こういう行列行進はキリストその人によって人間を救うために決められたものだという彼らの主張を信じた。新しい都市ならどこででも、人がたくさん集まった。ストラスブールだけで三か月のうち約三千の鞭打ち苦行者が現われ、約一千の市民がそれに合流したという。

この苦行者たちが純粋な贖罪の行《ぎょう》だけをやっているぶんにはまだよかった。ともかく、彼らの振舞いが効果を及ぼさないわけではなかったのだ。多くの都市の市民が、血を流す贖罪の行《ぎょう》の真剣さに感動して自省したという話が伝わっている。しかし、鞭打ち苦行者たちの行動は何度もその性質を変えた。彼らはユダヤ人に対する敵意をかき立て、ケルンでのように賤民とともにみずからユダヤ人地区を襲撃し、略奪して、そこの住人を打ち殺した。やがて、ならず者、のらくら者、いかがわしい女たちがその群れに投じ、大部分の市民の素朴な敬信を利用してありとあらゆる悪事を働いた。思慮深い聖職者がその制止に立ちあがると、その人たちに彼らは大衆をけしかけた。こういう状況を見て、とうとう、いくつかの都市が集団ヒステリー退治に本腰を入れるようになった。オスナブリュックは彼らに対して門を閉ざした。アーヘンも同様である。ニュルンベルクでは市会が、市に入ろうとする鞭打ち苦行者を「袋づめ」、つまり袋に縫い込んで溺死させる刑に処すると脅した。エルフルトとリューベックでは、彼らを癲狂院に送り込むという適切な処置がとられた。

教会と密接に結びついていたのは兄弟団や慈善団体ばかりではない。都市の学校制度も、もともとはそうだった。中世初期には修道院だけが学校を作っていたが、中世の中期および後期になると、修道院に住まない任俗司祭たちが大聖堂付属学校や修道院付属学校を作り、しだいにいわゆる市会学校あるいは市立学校がそれに加わるようになった。ケルンには十四世紀に、修道院が面倒をみる修道院付属学校が六つ、大聖堂付属学校と市立学校が一つずつあった。マインツでも状況は似たようなものであった。多くの小都市は、市民の子弟のために、読み方、書き方、算術、唱歌、宗教、それに少々のラテン語を教える「ドイツ読み書き学校」くらいは作ろうと努力した。もっと勉強したいと思う者は、それを終えてから修道院付属学校あるいは大聖堂付属学校へ進んだ。

教会の行進．上は大聖堂学校の生徒で，その下はフランシスコ派とアウグスティヌス派の修道士．リヒェンタールの手に成るコンスタンツ公会議の年代記から（1460 年ごろのもの）．

どの町にも学校があったわけではないから、今日の教育原理からすればとうてい考えられない、遍歴生徒という奇妙なシステムができた。市民が息子に適当な学校教育を受けさせたいと思うが、自分の町には学校が全然ないか、あってもドイツ読み書き学校だけだった場合には、息子をほかの「遍歴生徒」といっしょに旅に出してやるほかはなかった。そういう場合、たいていは年上の生徒、いわゆるバッハントに路銀を渡して、新米の息子を彼にゆだねた。しかしバッハントはしばしばその路銀をくすねて、新米には物乞いをやらせた。彼らは遍歴しているうちに大きな都市に入ると、学生寮に部屋を借りて学校に通った――その気があればの話だが。ただうろつき回って市民に物乞いをするだけ、ということもまれではなかった。こういうたかりが大きな災いになるおそれがあったので、いくつかの都市では市会が物乞い鑑札を交付し、それを一種の私的奨学金として、割り当ては学校の成績によることとした。

遍歴生徒と、教師の率いる土地の市立学校生徒とが街頭で大立ち回りを演ずることもあった。それは後者が遍歴生徒をむりに学校へ連れて行こうとするときに起こった。こんなに荒っぽい風習があったのでは、教室のなかにも荒っぽい空気が立ちこめていたであろうことは容易に想像できる。ウィーンではすでに一二九六年、生徒は刀や長いナイフを携帯することを禁じられ、ニュルンベルクでは市会が一三四三年に、生徒にポケットナイフを禁じ、メミンゲンでは一四九六年に同じような禁令が出されている。

もっとも、教師のほうも負けてはいず、鞭と棒をぞんぶんに使った。とはいえ、ミルテンベルクからの報告にあるように、市立学校の教師が学校をさぼったという理由で一人の生徒を柱に縛りつけ、裸の背中を血が出るまでなぐって、犠牲者のあげる悲鳴をかき消すためにそのあいだクラスの生徒たちに合唱させたというのは、おそらく特殊なケースだったと考えてよいだろう。

修道院付属学校、大聖堂学校では、聖職者が教えた。市立学校には校長が任命され、雇い教師が彼を助けた。それはたいてい、大学で最下級の学位を得て、さらに学問をつづけるための金を欲しがっている大学生であった。仕事はだいたい、ひどく骨が折れた。校長からしてすでに、ひどく給料が安く、それも生徒から取り立てなければならなかったのだ。一四〇四年、ランツフートで、校長は半年で生徒一人あたり二十四ヘラー、ランダウでは小さい生徒たちからわずか十六ヘラーを受け取っただけだった。しかもそのなかから雇い教師たちに給料を払ってやらなければならなかったのである。バウツェンではときとして、生徒たちが命令によって朝食のパンの半分を雇い教師に渡さなければならなかったのも、こういう状況を考えれば不思議ではない。

しかも教師は、手に負えない生徒たちにしじゅう腹を立てていただけではなく、ものすごい分量になる一日の規定教科をこなさなければならなかった。夏には、授業はふつう朝の六時、メミンゲンとかゲロルツホーフェンなど、いくつかの町では五時に始まった。それから休み時間なしに十一時までつづき、午後は一時から四時まで授業があった。われわれがいうような意味での休暇は、中世の市立学校にはなかった。土曜日も午前中は授業があり、日曜日さえ主礼拝のまえに授業があった。教会の大祭日だけは休みだったが。

校長はそのほかに、市のために書記の仕事をしたり、結婚式や葬式には生徒を引き連れて歌を歌ったり、たとえばゲロルツホーフェンでのように司祭の食卓の準備をしたり、穴蔵から飲み物を運んできたりしなければならなかった。もっとも、授業に関して求められることは、それほど厳密に決まっていたわけではなかったのだが。ドイツ読み書き学校での教科についてはすでに触れた。ここでは、男の子も女の子も授業を受けることができた。ともかく、一四六一年、フリードリヒ三世がニュルンベルクを訪れたとき、四千人の男女学童が皇帝の前で歌い、皇帝に御馳走になったという事実がある。

大聖堂付属あるいは修道院付属のラテン語学校ではラテン語の授業が行なわれたが、これは下級クラスでは文法の基本形態、上級クラスでは無味乾燥な文法授業の退屈な継続に限定されていて、ラテン語による著作はめったに扱われなかった。それに、生徒が聖歌隊で歌えるようにする目的で、唱歌の授業が加えられた。

一ペニヒでソーセージ二本——豪商と小売商人について

「王の商人」という言葉はおそらく一般に知られていようが、トラッチュラー（行商人）、エッシヒマン（酢屋）、あるいはヘリンガー（にしん売り）が何かを知る人はごく少数にかぎられるであろう。しかし彼ら、故郷の町の運命決定にあずかる指導的な豪商も、トラッチュラー、あるいはエッシヒマンのようにわずかな品物を売るために村から村を渡り歩く貧しい小商人も、すべてが中世都市に属する人たちである。

商人のいない都市の歴史は考えられない。彼らは住民層のごく一部分を占めるにすぎず、その十分の一を越えないことも多かったとはいえ、市を豊かにする要素であり、経済的な、そしてたいていはまた精神的な指導者層をも形成していた。「ドイツの商人がどんなに冷静で果敢であるか、その繁栄と裕福とを促進するすべをどんなに賢明に心得ているかは、まことに驚くべきである。彼らの都市の隆盛、公共建物と住宅の美しさと壮麗、住宅の内部を飾る貴重な財宝は、その裕福ぶりを雄弁に物語っている」と、一四〇〇年ごろにフランスの詩人ジャン・フロワサールは言っているが、この評言には信頼がおける。彼は見聞の広い旅行家だったからである。

中世都市がしばしば商人の居住地「ヴィク」の生成と密接に結びついていること、城とヴィクが市壁に囲まれてはじめて都市ができたことは、すでに述べた。ヴィクの住民は遠隔地商人で、たいていは敢為の男たちであった。不安な時代にしばしば何週間にもわたって、品物を売るために旅に出た人たちだったのだ。彼らは東方へ、スラヴ系種族の住む国々へ出かけて行った。すでに七世紀の伝説に、スラヴ系種族によって王に選ばれ、自分の国を建設したフランケンの商人ザモの事績が語られている。

十世紀にはキエフ、モスクワ、イギリス、スカンジナビアに、十一世紀にはコンスタンティノープル、コルドバに、ドイツ人の商人がいた。

こんなに遠く離れているのでは、ひとりで旅をするのは得策ではなかったであろう。したがって彼らはグループを作り、神聖な誓いを立ててお互いに助け合うことを約束した。そして必要とあれば、さらに王の保護、「ムント」を確保した。もちろんそれには金が必要だったが、そのかわりもっと大幅に安全が得られた。王の声望が高ければ高いほど、王のムントは効力を発揮した。オットー王朝時代すでに、ドイツの商人はフランス、イギリス、あるいはイタリアで「ホミネス・イムペラートリス」、すなわち「皇帝の商人」として特別の声望を得た。

旅のはじめに結ばれた誓いの友愛は、故郷に帰ってからもけっして消えず、男たちが都市のヴィクで冬を過ごすとき、みんなの心をまとめるきずなでありつづけ、次いでギルドに姿を変えた。

十世紀以降、多くの都市にこういう商人ギルドが見られる。それは、特別な祭日を作り、組合仲間

1475年ごろの小売商人が太鼓をたたいて商品の宣伝をしている．

で酒宴を開き、組合員が死んだときは大がかりな葬式をするなど、ちょっと見ただけでも単なる親睦団体にはとどまらないもののように思われる。故郷においても異郷においても、団結は固かった。こういう祭や死者への供物には、異教の慣習とキリスト教のそれとがまじり合っていた。一人の組合員の敵は全員の敵であった。しかしギルドは同時にまた、組合員に独自の裁判権を行使した。その審理の対象はまず第一に侮辱と傷害であったと聞くと、微笑を禁じ得ない。神聖化されたギルドの人たちからも、人間的、あまりに人間的なことを排除はできなかったわけだが、恥は少なくともギルドの内部で処理された。しかし、ギルドの裁判権をこういう観点からだけ見ることは誤りであろう。この裁判権が商人権に発展し、それがのちに、都市権にとって重要な意味を持つようになったからである。

遠隔地商人は初期の都市の発展に重要なかかわりを持ったが、それに気を取られて、遠隔地商人あるいは生産者と、消費者とのあいだに立ち、都市に直接に物資を供給した小売商人のことをけっして見逃してはならない。都市の拡張と成長とともに、その意義もまた増大した。ほぼ十二世紀以降、小売商人のあいだにも徐々に組合的な秩序が広まった。

彼らは遠隔地商人と同じようにギルドを作ってまとまり、この小売商人ギルドの組合員がしばしば都市の小売業を一手に握った。しかし、副業として生産物を売る農民および職人との競争も見逃すことはできない。

小都市では露店の市場で商売が行なわれ、小売商人はそこにスタンドを造った。それはしばしば、いくつかの台の上に二、三枚の板をのせただけのベンチだったが、多少は雨風を防げる屋台の場合もあった。市場がアーケードに囲まれているときには、小売商人はそこにもベンチをしつらえることができた。たいていは同種の商売のスタンドが立ち並んだ。競争は激しく、たとえばオスナブリュックには、一三四七年だけで二十七の織物商のスタンドが造られた。小都市では、小売商人はごちゃごちゃに入り乱れて、需要のあるものはなんでも売った。都市が大きければ大きいほど、小売商は細分化された。どれほどたくさんの専門小売商人がいたか、ほとんど信じられないほどである。

布地・糸屋、バター屋、シーツ屋、卵屋、金物屋、りんご屋、酢屋、羽毛屋、からす麦屋、獣皮屋、鰊売り、チーズ屋、石炭計り売り、穀物屋、かすがい屋、薬草屋、小麦粉屋、暖炉の扉屋、果物屋、パイプ屋、塩屋、絹屋、鋼鉄屋、魚屋、肉屋、飼料屋、鵞鳥屋、ガラス屋、呉服屋、皮屋、麻布屋、ろうそく屋、酒保商人、布地屋、鳥屋、ぶどう酒屋、ぶどう酒仕入れ人、香辛料屋。

都市に定住する小売商人と職人になお、零細商人が加わった。売上げがその日その日の暮らしにようやく足りるか足りないかくらいの貧しい人たちで、今日なお戸口から戸口を歩いて回る行商人と比較するのが適当な存在である。彼らは Höker《ヘーカー》、Merzler《メルツラー》、Pfragner《プフラーグナー》、Tratschler《トラッチュラー》、Gängler《ゲングラー》、Hucker《フッカー》、

1486年の木版画によるヴァンネンクレーマー.

Hadeler《ハーデラー》、Kremper《クレンパー》、あるいはWannenkrämer《ヴァンネンクレーマー》と呼ばれた。ヴァンネンクレーマーという名は、彼らが立ち売りの売り台のように首から吊るしている平たいヴァンネン（桶、たらいの類）からきている。その上に品物を広げるのである。

　大きな都市には中央市場のほかに独自の小さな特殊市場があり、その名は今日なお、街路の名称に残っていることがある。ブレスラウのある年代記作者は記している。「ここには塩市場、新市場、大きな円形広場があり、そこから広小路――鶏市場と呼ばれる――に出る。そこでは牛乳、果物、野菜、玉ねぎ、獣肉、鳥肉が売られている。市場の商品はみな、売られる場所が決まっていて、その場所は売られる商品の名によって、穀物市場、蜂蜜・蠟市場というような名がついている」

　有力な諸都市は中央市場に面して、あるいは少なくともその近くに、たいていは三階建ての大商店を造った。それらは一定のギルドのために留保されていた。織物商のことが多かったが、靴屋、麻布屋、パン屋、肉屋、塩屋などもあった。安い品物は階下、高いものは階上で売られた。今日の見本市ホールの場合と同じように、各階は小さな部屋あるいは仕切りに分割された。たとえばリューベックの織物館の階上には、六十五の洋服屋が店を張った。

どの面でもそうだが、小売業と市場においても、市当局が秩序のために配慮し、規定を作って販売と価格形成に影響力を行使しようとした。

市の役人が定期的に市場のスタンドをコントロールし、売られる商品を検査した。ミュンヒェンにはすでに一三〇〇年ごろ、七人の塩検査係がいて、白い塩と黒い塩の価格の差を査定した。市場検査係は果物、穀物、野菜、ワインを検査して、相応の料金を徴収した。ミュンヒェンの市場にはワインの鑑定係までいた。売り手のつけた価格がワインの質と釣合っているかどうかを判定するのがその役目であった。市場での価格がきびしく定められていた状況は、一二五六年に出されたランツフートの市場規定からも十分にうかがわれる——

暴利をむさぼる者、先買い人、価格協定を、われわれは五ポンドの罰金をもって禁止し、さらに、法による保護を彼らに与えないことを宣告する。

われわれは二・五ポンドの牛肉が一ペニヒで売られるべきことを定める。羊肉も同様であるが、山羊の肉は三ポンドで一ペニヒである。これに反する者は市に六シリング、裁判官に六十ペニヒを支払う。獣脂を売る、すなわち市の外で売る者は、同額の罰金を支払わなければならない。一ポンドの獣脂は半ペニヒ貨三枚の価格とする。

飼養者はメッツェ枡で半ペニヒ、干草で一ペニヒの利益を得てよい。食料品小売人の利益は五ペニヒとする。

路上で品物を売る商人および食料品小売人も同じ規定に従わなければならない。

販売の目的で外部から市内に品物を持ち込む者は、公の市場の外でそれを売ってはならない。同様に食料品小売人は、自分で、あるいは人を使って、市内で何かを買い込んではならない。これに違反する者は市に六シリング、裁判官に六十ペニヒを支払うものとする。その金がなければ、手を切り落とされる。

われわれは、上質で中くらいの大きさのソーセージ一本が一ペニヒで売られるべきことを定める。それらは純粋な豚肉で造られなければならず、嚢虫病《のうちゆう》にかかった肉を使ってはならない。これに違反する者は一ポンドの罰金を支払い、一年間その職にたずさわることを許されない。病気にかかっていた獣の肉は市場から七フィート離れたところでなければ売ってはならない。ユダヤ人の売る肉も同様である。これに違反する者は五ポンドを支払い、一年間市場から遠ざからなければならない。粉をよくこね、塩を利かし、ふるい分けたパンは、二個につき一ペニヒの価格とする。大麦を上等のライ麦とまぜてはならない。ブレーツェルは小麦粉のみで造られる。

この規定に三度違反した者は、一年間その職にたずさわることを許されない。われわれは、市民がイタリアのワイン一アイマを五シリングで小売りするよう定める。最上のフランケン・ワインは七十五ペニヒ、中くらいの質のものは五十五ペニヒで小売りすること。一アイマのビールは一般には十八ペニヒで小売りされる。醸造者は十五ペニヒで売り渡すこと。

すでに十三世紀に、衛生警察による規定が出されていたことは注目に値する。たとえばドルトムントの都市法には次のように記されている。「わが市民の一人が市場で新鮮な魚あるいは新鮮な肉を買おうと思うときは、売り手に『その魚あるいは肉を裏返してくれ』と言うべきである。しかしどんなことがあっても手で触れてはならない。触れれば文句なく四シリングの罰金を払わなければならない」

そしてエルフルトでは一三五一年に次のような規定が出されている。「市場へ持って行く獣肉は新鮮でなければならず、大きな獣肉と兎は二日間、しゃこ、その他の鳥は一日間しか売ることを許されない。生きている魚を持ってくる者は、市場の特別な場所で一日だけ日をかぎって売ることとし、もっと長く売る場合には魚に目じるしをつけなければいけない」

当然のことだが、市民の需要のすべてをその都市自体と、そこの商人だけでまかなうことはできなかったから、決まった日に週市と年の市が開かれ、そのときは他郷の商人も店を出すことが許された。そして市当局は、規定が守られるよう特にきびしく監視した。競争によって買手も当地の商人も

商人が市場で品物を売る．1475年ごろの木版画．

損害をこうむらないようにするためである。都市が、都市ないしは国の領主から関税権を与えられているかぎりは、他郷の商人からかなりの金を取り立てて自分のふところに入れることができた。道路税と橋税——名称だけでわかるように——は一定の道路と橋で取り立てられるものだが、これとならんで、他郷の商人の売り上げに対してだけかけられる市場税があった。頭のいい連中はやがて、他郷からくる商人を市門の前でつかまえて商品を買い取る、という方法を案出したもののようである。品物はそれから町のなかに運ばれ、利益を加えて売られた。ときには関税を払わずにすますこともあった。こういう「仲買」は市民の損失を招いたから、市当局は中世全期を通じ、それをけしからぬこととして、厳罰によって防止しようと努めた。

また、公の市場期間に大量に品物を買い込んであとからそれを売ることも禁止されていた。ただし、市場期間が終わってしまえば、商人がストックしようと思う品物を買い込むことは許された。コンスタンツ公会議の記録を書いたリヒェンタールは、売り手が「卵をも、金持ちと同じく貧乏人にも買えるよう公開の市場に持って行かなければならなかった」ことを強調している。

この場合、常にわれわれが都市内の商人に対して「小売商人」という言葉を使っているのは、けっしておとしめる意味ででではない。彼らは、中世の状況からすればかなりの資産を蓄積することができたのだ。一五一一年にエルフルトで、約一万六千の住民のうち四十一人の小売商人が、地主貴族《ユンカー》およびヴァイト商人（ヴァイトは染色植物のひとつ）に次いで、平均資産で第三位を占めた。もっとも、真の大資産を持っていたのは遠隔地商人ではあったのだが。

しかしそれでも、それほどばら色の状況ではなかったことが、アウクスブルクの市民の資産状態を概観すればわかる。一三九六年に約三千人いた納税義務者のうち、六百グルデン以上の資産を有する市民はわずか百六十人、二千グルデン以上に至ってはわずか三十四人にすぎなかったのだ。

したがって、一般的にいえば市民の資産はたいしたことはなかったということになる。都市の税収入もそれに見合うものだった。一般的にはすべての市民に納税の義務があったのだが、ひとつには、大部分の市民の収入と財産が課税額以下だったし、また多くの都市では市民が自分で査定したという事情もあって、そういうことになったのである。十六世紀初頭にもなお、フィレンツェの人マキアヴェリは、ドイツの諸都市における、この信義にもとづくやりかたを称賛している。

それでも、これにはちょっとした問題があった。つまり、納税申告をするときにはその真実であることを宣誓しなければならず、敬虔な市民が誘惑に負けた場合、しばしば偽誓にひどく悩んで、ごまかしたぶんの金を聴罪師に渡すことがよくあったのだ。こういうわけで、聴罪師に徴税を手伝ってもらうことになった都市も少なくない。聖職者はその報酬として少額の金をもらった。一四三六年、ミュンヒェン市のある記録には、六人の聴罪師が多額の金を市に引き渡し、飲みたいときはそのなかから飲み代《しろ》をいくらかもらったことが記されている。最大の納税者は大商人、なかでも遠隔地商人で、彼らは中世全期を通じて、古い「ヴィク」に住んだ祖先と同じ仕事をした。とはいっても、もうかつてのように危険なことはとっくになくなっていた。自分で遠くまで旅行することはせず、家の事務室にすわって、そこから購入と売却を指令したからである。金融制度、クレジット制度が発達し精密化していただけに、そうすることがますます可能になってきていた。もう、商人が自分でよその都市に出かけて行って品物を売り、ほかの品物を買い込む必要はなくなった。信頼できる仲買人をおいてきちんと清算業務をやらせ、自分は他郷の顧客と商売仲間の委託を受けて仕事にはげめばよかったのである。

もちろん、損害をこうむる危険はほとんど減っていなかった。悪路と追いはぎのために、商人が荷を失うこともときには起こったのである。克服しなければならない障害もたくさんあった。陸路では品物の輸送に二輪あるいは四輪の荷車、すなわち枠つきの馬車や幌馬車が使われたが、ときにはらばの隊商を組むこともあり、その場合は一頭が二百キロないし二百五十キロの荷を運んだ。ならばも荷車も悪路に悩まされた。道路はいっさい舗装されておらず、季節の変わり目には泥沼になりかねなかったのだ。平均の道路幅は、街道では三・六メートル、アルプス越えの道路で二・七メートル、山道ではわずか一・五メートルしかなかった。大きくて重要な通商路は何世紀もまえからの発展の結果であることが多く、その一部はローマの道にまでさかのぼる。保安状態はかなり悪かった。領域君主はある程度の保護を加えることに努めたものの、そのかわりに合法的な収奪の方法を開発して、橋税、国境税、保護税、旅券税を取り立てた。

そういうとき、商人たちがしばしばどんな困難と戦わなければならなかったかを示すのが、一三三二年に皇帝ルートヴィヒ四世によってミュンヒェン市に与えられた塩集散権の例である。それによれば、ランツフートとアルプスのあいだを西へ運ばれる塩はすべて、ミュンヒェンでイーザル川を越え、市内に集積されて売られなければならなかった。ミュンヒェンにとってはたいへんな税収入である。十四世紀の橋税は、他郷人の運ぶ荷車一台分の塩について一ペニヒだったからだ。今日のわれわれにはばかばかしいほどわずかに思えるが、十三世紀にランツフートの市場価格で二・五ポンドの牛肉が一ペニヒ、中くらいの大きさのソーセージ二本が一ペニヒ、最上のフランケン・ワインが一アイマ、七十五ペニヒ、ビール一アイマ、十八ペニヒと定められていたことを考え合わせてみるべきだろう。ただし、十四世紀には通貨の価値下落の結果、この値段は約二倍に見積もらなければならない。

危険な時代には商人はしばしば自衛の手段を講じて、車に警備隊をつけなければならなかった。もちろんそのために品物の値段は高くなった。なにしろ商人の隊商は相当の距離を走破したのだ。経験によれば、傾斜のひどくないよい道だと一日平均約四十キロメートルの道程を見積もっていいことがわかる。したがってケルン—ユトレヒト間に五日、ブレスラウ—ウィーン間ほ十日、アウクスブルク—ミラノ間十二日、ニュルンベルク—ヴェネチア間には十四日を要した。

陸路よりも河と海を利用する水路のほうが好まれた。特に海上交通は、通り抜けられる上甲板と船尾舵を備える舷側の高いコッゲ帆船の開発によって、急激に発達をとげた。そういうコッゲは平均して六十ラスト、つまり百二十トンまでの荷を積むことができた。海外貿易の主要な担い手は十三世紀以降、ハンザ同盟で、これについてはのちに詳しく触れることになろう。同盟の商船隊のトン数を聞いたら、ドイツとイタリアを結ぶもっとも重要な連絡路であるサン・ゴタール峠越えの陸路交通が年平均わずか千二百トンの荷物しか運ばなかったということをほとんど信じることができなくなる。これはほぼ、現代の貨物列車二両分の収容能力に相当する。しかし平坦な道を通ってこれだけの量を運搬するには、六百台の大型の荷車、高い山地では二千ないし三千台の手押車が必要であった。

こういう状況のもとでは、遠隔地商人ができるだけ往復とも荷物を運搬しようと努めたことは十分に理解できる。自分の商品を運ぶことができない場合には他人の荷物を引き受けた。それからしだいに、商人が商品輸送に抱く不安を取り除いてやる新しい職業が発達した、独立の運送業者である。彼らは別々の商人たちから、往復に運ぶ貨物の依頼をたっぷりもらえるよう気を使った。海と河による水上交通には、何人もの商人が共同して船を所有するという可能性が提示された。一艘のコッゲに六十四人もの共同船主がいることがあり、そういう場合には実に種々様々の貨物を輸送した。たとえばオランダから北ドイツに向かったある船の積荷には次のような数字が見られる。鰊が六百二十八トン、デルフトのバター半樽が二十二個、チーズが二千七百七十二ポンド、テクセル・チーズとグラーヴェザント・チーズが百六十ポンド、塩が二百袋。

還隔地商人は、北および南の比較的大きな取引地に専用の商館と倉庫を建てた。他郷においてもできるだけ独立であろうとしたからである。ハンザ同盟の大きな商館についてはのちになお触れよう。地中海に臨む都市にあった集積地のうちでおそらくもっとも有名なのは、ヴェネチアのリアルト橋近くにあったフォンダコ・デイ・テデスキ、すなわち「ドイツ人の商館」（今日の中央郵便局）であったろう。ここにオリエント貿易の糸が集まり、たいていは一時に百人くらいまでのドイツ商人がいた。ヴェネチアでの積替え貨物は、錫、だいおう、スパイス、蜂蜜、真珠、ルビー、竜涎香《りゅうぜんこう》、インディゴ、カルメジン、絹、木綿、丁子《ちょうじ》、ばら香水、ナッツ、みょうばんなどであった。中世に、布の色つやを定着するのに使ったみょうばんだけでも、一四七〇年にはこの町に百万キログラムも貯蔵されていた。

海外貿易に関する数字はまだいくらでもあげることができるが、重要なのはその数字ではなく、数字の背後にいる人間、ヨーロッパ的な、いや当時としては世界的なといっていい次元で考えることを学んだ商人である。自分の城に住んで比較的豊かな農民と同じような暮らしをし、自分の畑の境界より先にはほとんど目の届かなかった貴族や騎士もあったというのに、この商人たちは、都市にかまえた事務室から注意深く、精力的に、商会の運命の舵《かじ》取りをした。彼らはフランドルの織物商館についても、ヴェネチアの香辛料保管倉庫についても、十分に事情を心得ていた。商売に関する規定も、さ

中世の港町．1523 年の木版画．

まざまの貨幣の種類も、道路の状態も、とりわけ政治情勢は、しっかりと頭に入れてあった。でなければリスクを正しく計算することができないからである。

このためにはしっかりした徹底的な修練が前提とされた。若い人たちは長年にわたるきびしい修業期間を終えなければならず、現場でそのときどきの経済情勢を知るために、父親の手で早くから外国へ送り出された。

そういうことで、貿易商は都市の中で有力な地位を占めるようになった。彼らの家は町でももっとも美しい家に数えられ、生活もそれに相応してぜいたくだった。著名な説教者たちの著作を一度でも読めば、至るところで豊かな商人のぜいたくを戒めるきびしい言葉にぶつかる。「彼らはたわけ者として旅に出て行き、奇妙なたわけた服装をしたもっとひどいたわけ者になって帰ってくる」と、ガイラー・フォン・カイザースベルク（一四四五―一五一〇）はののしっている。王たちさえもときには、豪商の自己顕示欲の助長に努めた。たとえば一四九二年に、国王マクシミリアン一世はニュルンベルクの商人二人に、ビロードの服を着ることを許した。彼らはしばしば都市貴族と競争しようと努め、その世界に入り込むこともときにはあった。

それから、中世の末に、貿易をこととする豪商はその名望の頂点に達した。アウクスブルクのフッガー家やヴェルザー家のような個々の家門が古い秩序から離れ、近代的な意味での大企業家になった。しかしそれは、中世の盛期と後期にはまだ知られていない最終段階で、例外的なケースである。協同体意識はまだ強かったのだ。

企業上のリスクを避けようとすれば、改善された方法と可能性を見つけなければならなかった。それは、十三世紀以降に貿易を支配しはじめたいわゆる商社の拡大によって提示された。根本原理はきわめて簡単で論理的であった。個々の取引き業務を遂行する目的で何人もの商人が連合し、それに相応した取り決めをすることによって、貿易のリスクを減らすことができた。交易も行なうことができたし、輸送上の障害も取り除かれた。こうして、同程度の大きさの商館だけが加わる商社が生まれる一方、零細商人をも貿易商をも含む実に種々様々の社会層の人が参画する商社もできた。さきに引用したガイラー・フォン・カイザースベルクは、こういう商社の組織について、次のように報告している。「大きな商社では、商人はお互いに義務を負い合っている。五百グルデン出資する者もあれば二百グルデンの者もある。彼らはヴェネチア、リヨン、アントワープに営業所を持ち、その至るところに管理人をおいている。だれかがもうけるか、損するかすると、みんなのもうけ、あるいは損になり、みんなが共同して二千グルデンほどもうかったとすると、計算のときには各自の出資した額に応じて配分される」

出資者の数は二人から八十人までのあいだをゆれ動き、ときには商人の雇人あるいは従者が受け入れられるようなこともあって、協力者を利益にあずからせることによって、さらに密接に企業に結びつけようとする、きわめて近代的なにおいのする原理が確立されていた。一人の商人がいくつもの商社に関与できるという考え方も近代的であった。利益の配分率はまちまちで、悪いときには七パーセント、いいときには三十パーセントないし四十パーセントだったといわれる。おそらくもっとも有名と思われる商社のひとつに、一三八〇年、ボーデン湖に近い小都市ラーヴェンスブルクに設立された「大ラーヴェンスブルク会社」がある。今日、重要な交通路から離れてちょっと夢見ているような印象を与えるこの町を訪れる人は、ヨーロッパでもっとも重要な諸都市とのあいだをつなぐ糸が、ここからフランス、イタリア、スペイン、オランダ、そしてハンガリーへと伸びていたとはほとんど信じられないだろう。ラーヴェンスブルクの商業の中心になっていたのは織物商で、約八十人の共同出資者にはラーヴェンスブルクの人ばかりではなく、上部シュヴァーベンの諸都市の市民も含まれていたが、彼らの投じた商業資本は、十五世紀末には約十三万グルデンにのぼった。換算すればほぼ百万金マルクになるから、巨額といっていい。

中世が終わるとともに、商社の根本構造も変わった。一族による企業形態がしだいに中心になり出したのである。アウクスブルクのフッガー家とヴェルザー家、ニュルンベルクのイムホーフ家とトゥーハー家がそれで、こういう企業が、新しく生まれてきた卸し売り商業と海外貿易の可能性をたくみに、そして大胆に利用し尽くした。都市に新しい精神が入ってきた。王の商人が支配権を振るうところほど、中世と近世との断絶が目に見えてはっきりわかるところはない。

振り子職人と錫鋳職人――手工業者とツンフトについて

「親方たちを軽蔑するな、彼らの技術を尊敬せよ」と、リヒアルト・ワーグナーの歌劇『ニュルンベルクの職匠歌人』のなかで、ハンス・ザックスは求めている。市門の前の催物広場では、民衆が彼に向かって歓呼の声をあげ、職人たちはツンフト（同職組合）の旗を振り、職人の親方たちは華かなお祭り騒ぎを誇らしげにながめている。大歌劇の幕切れにふさわしい光景であるが、また例外的に、現実からそれほど隔たっていない光景でもある。

手工業者とツンフトは、中世都市において商人とほとんど変わらない重要な役割を果たした。その存在がなければ、都市があれほど裕福になり得たかどうかはわからない。

手工業は都市の構造のなかにはじめて生まれたものではけっしてない。それははるかに古いもので、荘園領主――修道院あるいは貴族――のために働いた、納税義務のある農民のあいだにその起源を求めなければならない。この農民たちはしばしば、織物あるいは道具類のような手職による製品を領主に物納しなければならなかった。しかしまた、労働に引っぱり出され、建築あるいは大工仕事を手伝わなければならないこともしばしば起こった。他の自由な農民たちも、村落共同体のための手職の仕事を引き受け、全部、あるいは少なくとも一部は村から給与を受けた。集落や農場で農民のために働く賦役農場労働者の子弟で、諸処を渡り歩く、多くは非自由の男たちもいた。彼らは全部、農民的な古い協同体秩序のなかにきっちりとはめ込まれていた。彼らの給料はたいていの場合、生活にどうしても必要な農産物だけで、金をもらって働く者はめったにいなかった。

何世紀もまえからつづいていた秩序は、都市の興隆とともに変わった。建築にも職人が必要だった。市場は人の心を誘惑した。そこでは製品が安く売られ、もはや農産物と交換する必要はなかったからである。これだけでも、まだ若い都市に住む気を起こさせるには十分であった。そのうえになお、たいへん重々しい「都市の空気は人を自由にする」が加わったが、このことにはすでに触れた。そして多くの農民職人が非自由であった。となれば、一身の自由と同時にたっぷり稼ぐ可能性まで手に入れられるチャンスを逃すことはない。領主の許可を得ようが得られまいが、どうしても利用せずにはいられない二重の有利な点がそれにはあった。都市の区域内に一年住めば自由人になれ、なんの妨げも受けずに自分の仕事に従事することができたのだ!

都市は職人が移住してくるのを好意的に支援したが、それが限度を越えないように配慮した。新来者は特別の居住区に住まわせられた。それだけでもう、まったく自動的にある種の連帯感が生まれ、仕事と経済的な利害が共通であるために、さらにそれが深められた。中世の人間は協同体を求め、それとともにまたしばしば、種々様々の形での安全を求めた。職人がどうしてその例外であるはずがあったろう?　商人ギルドというお手本があったではないか。団結すれば経済的、社会的に有利であっ

市場で獣肉と鳥肉を売る肉屋の売り台．リヒェンタールの手に成るコンスタンツ公会議の年代記にのせられている素描．

た。となれば、すでに十三世紀の前期に、マインツでは織工が、トリーアとヴュルツブルクでは靴屋が、ヴォルムスでは漁師が、協同体を作って団結したことは不思議とするに足りない。この協同体はのちに「ツンフト」と名づけられる。その後十二世紀末までに、ツンフトはあらゆる都市に広がり、協同体として組織されていない手工業はほとんどなくなった。しかし、ただ一つ例外がある。それはニュルンベルクで、ここの市参事会が協約を結ぼうとする職人たちの努力に反対してそれを押し切ることに成功したため、言うに値するツンフト制度はできあがらなかったのだ。

ツンフト（Zunft）という言葉は「ツィーメン」（ziemen）と関係があり、「適当なもの」というほどの意味であるが、のちには「一つの社会が生きてゆくときに従う秩序」を意味するようになった。そしてこの概念は、ツンフトの本質と意義をその内容として含んでいる。職人が従わなければならなかった秩序とは、実際きびしいものであった。それは、少年のときに親方のもとに弟子入りしてから死に至るまでの全生涯に影響力を及ぼしたのである。職人は働くときに、それによってきびしく束縛され、家庭生活にまで干渉された。しかしこの秩序はまた、職人が都市生活のなかに重要な地位を戦い取り、ほかの身分、すなわち古い門閥、豪商、聖職者と肩を並べるのに役立った。

市の参事会は職人の移住と居住を規制したばかりではなく、市民に対する生活必需物資の供給を確保するために、決まった仕事を割り当てた。緊急時に製品の引渡しに思わぬ隘路が生ずることのないよう、それぞれに決められた役所が職人の仕事を監督しコントロールした。ツンフトが繁栄しはじめると、職人の親方たちは市参事会と契約した。そして市民への製品の供給を保証するとともに、またしばしば営業政策上の管理を引き受けた。市参事会のほうは、ツンフトに加わってその秩序に従う職人にのみ生業を営む許可を与えるという義務を負った。

この措置を、競争相手に対する嫉妬と考えてはならない。職人たちが常に、有能な職人仲間と親方によってツンフトを強化しようと努めたのは、ほかならぬ都市の繁栄期だったからで、ツンフトの強制はすべての人々に安心感を与えたのである。親方たちは、自分と配下の職人たちがいつでも十分仕事にありつけることを知っていたし、市参事会も市に対する供給が確保されていることを心得ていた。しかも市参事会はツンフトを完全に手中に握っていた。ツンフトの仕事ぶりがみんなを満足させないようだと、他郷の競争相手が呼び入れられたり、場合によってはツンフト権が奪われたりしたからである。一二六四年にはエルフルトで、肉屋とパン屋が実際にツンフト権を奪われている。

ツンフト自体の内部でも、きびしい支配が行なわれていた。組合員は、仲間のだれかが他を凌駕することのないよう注意深く監視した。経営の規模はできるだけ同じ大きさにしなければならず、そのため一人の親方は一般に二人か三人の職人しか雇うことを許されなかった。しかし都市の繁栄期にすら、たいていの場合、親方の数は職人の数の倍だったから、多くの親方が徒弟だけを使って営業したことを考えると、これはおよそ無意味な規定である。ツンフトは一種の職業紹介までやった。親方の病気その他の緊急の理由でどうしても職人が必要になると、他郷から渡ってきた最初の職人を世話してもらえたのである。しかし引き抜きは刑罰をもって禁止されていた。

有利な購入あるいは販売の可能性が見つかった場合も、事情は似たようなものだった。この場合にも協同体の利益が個人のそれに優先したのである。有利な購入先を発見した親方は、ほかの親方も一口乗れるようにツンフト内にそれを知らせなければならず、他郷の市場あるいは見本市に出かける親方は、ほかの親方にもその製品を売る機会を提供しなければならなかった。販売促進と宣伝がしばしば禁止されたのは、今日の考え方とまったく相反する。ケルンでは、帽子屋が製品を商館の外の自分の戸口に掛けると、一マルクの罰金を払わされた。同じくケルンで、ペンキ屋が同じツンフトの仲間から客を奪うと、五マルクの罰金を食った。

労働時間もきちんと決められていた。日曜の労働がきびしく禁じられていたことは、中世人の宗教的な立場からして当然のことと理解できる。今日の意味での休暇、あるいは店の休日などはなかった。そのかわり、祝日がたくさんあって一種の埋め合わせになった。一四〇〇年ごろ、ライン地方の諸都市には、仕事を休む日曜祝祭日が百十日もあったのだ。職人たちはそれでも足りずに、二日酔いの月曜休日を作ってさらに労働時間を短縮しようとした。諸都市の市参事会はしばしばこれに干渉して、この風習を禁止するか、もしくは自由時間を晩禱後、つまり午後四時以後に制限するかした。これでもかなりの譲歩であった。職人は平均して一日に十二時間から十六時間働いたからである。ハンブルクの刀剣研ぎ師のツンフト文書には、職人は朝四時には仕事場にはいらなければいけない、五時まで寝ていた者は晩の九時まで働かなければならない、とはっきり記されている。しかし仕事の一日は、今日よりはずっと気持ちよく流れていった。休憩時間は、長い場合には三時間あった。今日の労働者は工場のコンベアベルトのそばでいつでも同じ操作をしているが、中世でも少なくとも同じ程度に仕事は単調であった。というのは、中世の手工業にも、今日のわれわれにはほとんど過度とも思われる専門化が見られるからである。一つだけ金属手工業の例をあげよう。これは次の表の示すように、五十にものぼる部門に分かれている。

鍛冶屋。蹄鉄鍛冶。鍋製造職人。暖炉扉製造職人。ブリキ職人。釜製造職人。銅細工師。武具師。甲冑師。胸甲製造職人。兜製造職人。頸甲製造職人。脛《すね》当て製造職人。刀鍛冶。刀剣研ぎ師。刃物鍛冶。鋤鍛冶。錐製造職人。標的製造職人、弩《いしゆみ》製造職人。矢柄製造職人。鉄砲鍛冶。拍車製造職人。溶鉱職人。製釘職人。線材職人。鎖製造職人。製針職人。やすり目立て職人。旋盤職人。水盤製造職人。真鍮職人。錫鋳職人。船鍛冶。鎌鍛冶。釣鐘製造職人。青銅鋳造職人。真鍮器具製造職人。瓶《びん》製

コンスタンツ公会議の開催中，現地のパン屋だけでは多数の外来者の需要を満たすことができなかったので，他郷のパン焼き，パイ焼きの職人が町に入り込み，移動可能なパン焼き釜を持って路上を歩き，品物を売った．右手に小さな販売用テーブルが置かれ，1人の女性がケーキを売っている．

造職人。管職人。装身具細工師。金細工師。金箔師。下げ香炉細工師。金線細工師。鈴製造職人。砲身鋳造職人。貨幣鋳造職人。錫器製造職人。振り子職人。

今日のわれわれの目には奇妙に映るかもしれないが、この表を見て二つのことに注目しなければならない。すなわち、こういうはなはだしい細分化は小都市では行なわれず、大都市においてすら、この表にあげてある仕事のうち二、三は、ごく少数の仕事場しか持たなかったことがその一つである。たとえば十四世紀のフランクフルトには、わずか七つ、のちにはもっと減って一つないし三つの鋤鍛冶屋しかなかった。

しかし、ある決まった仕事に親方が一人いるときは、だれもその領分を侵すことは許されなかった。蹄鉄鍛冶は蹄鉄を造ってそれを打ちつけることに仕事をかぎらなければならず、車軸や木製の導水管に穴をあけるのに使う大きな錐を造る職人の仕事をしてはならなかった。鋤鍛冶は鋤べらを造り、鎌鍛冶は大鎌、利鎌を鍛造した。さきの表のなかで、どうも妙に思えるものがいくつかある。たとえば金属の瓶《びん》を造る瓶製造職人で、はじめは独立した職業だったが、のちにブリキ職人あるいは管職人に吸収された。また振り子職人はその名称でもわかるとおり、時計屋の前身である。一七二六年になってもなお、振り子職人はローゼンハイムのツンフト規定では、錠前職人、拍車鍛冶、鉄砲鍛冶とともに小鍛冶屋の同じ部類に数えられていた。刀鍛冶は刀を鍛造し、刀剣研ぎ師は刀をきれいにし、研いで、実際に使えるようにする。こういう分業は何も金属手工業だけの特徴ではない。他の手工業はおそらくこれほどに細分化されてはいなかっただろうが、仕立屋でいうと、ズボン縫い職人はマント製造職人とはまったく関係がなく、パン屋では、菓子職人とパン焼き職人とは別であった。こういう例はほかにまだまだたくさんある。

同じ職業の人間がなるべく同じ小路に住んでいたことはすでに述べた。今日なお、ヴュルツブルクのプラットナー（鉄板製造職人）小路とかプラハのシュポルナー（拍車製造職人）小路とかいう街路の名が、こういう珍しい職業の名称を思い起こさせる。ヴォルムスのベッヒャー小路は、桶職の一つに数えられていた杯（ベッヒャー）製造職人を思い起こさせるし、ブレスラウにはメントラー（マント製造職人）小路があった。

街路名についていえることが、姓氏についてもいえる。ドイツの手職の多様さがそこにも反映しているのである。それは何もミュラー（粉屋）やシュミート（鍛冶屋）、シュナイダー（仕立屋）やベッカー（パン屋）にかぎったことではない。だが、偉大な哲学者ショーペンハウアーの名が、柄杓《ひしゃく》製造職人から出ていて、ヴァッサーツィーアー（水汲み人）、ズルツァー（製塩者）、ショルラッカー

（簡単な下着を造る織物職人）というような姓がもともとは職業の名称であることを、もうだれが知っていよう？

この調子であげていけばらくに一冊の本ができてしまうが、このわずかな指摘からだけでも、少年が職人になりたいと思えば適当な職業を見つけるのにさほど苦労しなかったろうことはよくわかる。それでも、職人に弟子入りするのはそう簡単なことではなかった。満たさなければならない条件がずらりと並んでいたからである。女の子はたいていの場合締め出されていた。女のほうが多かったためにしばしばひとりで生活の糧を稼ぎださなければならなかった時代だというのに、これは明らかな女性差別であった。さらに、嫡出子で賤民の生まれでないということも前提条件のひとつであった。「賤民」については、のちの章でさらに詳しく触れることにする。彼らは職人の仲間には入れてもらえなかった。いささか奇妙で一面的だと思われるのは、ドイツ語を話す者というはっきりしたおきてがあったことである。特にドイツの東方国境に接する諸都市では、スラヴ人は徒弟に、したがってまた職人にもしてもらえなかった。またフライブルクのツンフト規定には、職人自身あるいはその娘が「外人」と結婚すると、ただちに市民権とツンフト権を失う旨が記載されている。こういうケースに、中世の協同体の影の面が特にはっきりと浮かびあがる。徒弟受け入れの決定権は、われわれの想像と違って親方にはなく、もっぱらツンフトにあった。ふつう、新しい徒弟はツンフトの集まりの場でおごそかに親方に引き渡された。それ以後、少年はツンフトに属し、両親の権利は縮小された。彼は親方の家に住み、親方が父親の権利と義務を引き継いだ。徒弟時代はふつう二年から四年つづくが、八年まで延長することができた。両親が見習料を親方に払うことができないと、少年はもう一年長く学ぶ、つまり親方のために一年間無償で働かなければならなかった。

見習いが終わると、徒弟は特別な試験を受けたり、あるいは職人としての製作物を提出したりすることなしに、再びツンフトの集まりで修了を宣せられた。職人たちは陽気な、しばしばはめをはずした儀式をやって彼を仲間に迎え入れた。しかし新職人はけっして故郷の町にとどまることなく、ひとまず約六年の予定で遍歴の旅に出、他郷で働かなければならなかった。多くの人が市壁の向こうをほとんど見ようとしなかった時代にあっては、これはよく考えられたやりかただといってよい。若い職人はしばしば十分に世間を知ると同時に、他郷の人間にも多少は手職の心得があることを見聞した。しかし彼は常に、ツンフトという安全な協同体のなかにとどまっていた。どこへ行っても職人たちが好意的に世話をしてくれ、ツンフト会館に泊まって、やがて新しい親方のもとで仕事とパンにありつくことができたからである。遍歴を終えると、職人は故郷にもどって親方になるための製作をし、自分の仕事場を開いて親方になることができた。ツンフトは、彼が結婚して世帯を持つことを期待した。そして当然、彼が「身分にかなった」結婚をし、どういう点でもツンフトにふさわしいところを見せるよう、注意深く見守った。親方が外出するときは、すぐにツンフトの一員であることがわかるように、何か道具を一つ持って出るように決められていることもしばしばあった。親方がツンフトの集まりや審理に出席するときにすねを出していると罰せられるとか、職人は頭にかぶりものをせずに「三軒以上」遠くまで行ってはいけないなど、外面的なことについて、いろいろ小うるさいおきてが決められていることもあった。

しかしこれは枝葉のことにすぎない。決定的なのは、職人が当然、身分を意識して誇らかに振舞ってよいということであった。彼らは、よい製品を供給し、きちんとした仕事をするということに名誉を賭けた。ぞんざいな仕事をしたりごまかしをやったりすれば罰せられ、度重なるとツンフトから追い出されることを覚悟しなければならなかった。それは経済的な死刑と同じだった。市参事会がすべてに目を光らせていて、だらしない職人に手きびしい公開の刑罰を科することが、親方にはわかりすぎるくらいよくわかっていた。たとえば、パンの目方をいいかげんにしたパン屋はかごに入れられて、悪臭を発する肥えだめの上に吊りさげられた。そうすると、自分でかごを切り開かなければならず、見物人が大笑いをするなかを肥えだめに落ちることになった。損は個人が、嘲笑は全ツンフトが引き受けた。

ツンフト仲間は、別の世論のほうにもっと重きをおいた。一般市民に、ツンフトの団結心と富を公然と見せつけなければならなかったのである。ツンフト仲間は一つの大家族を形成していた。教会の行列に加わる職人兄弟団についてはすでに述べたが、社会生活においてもこの協同体は重要な役割を果たした。洗礼式には名親に立ち、親方が死ぬと、おごそかな行列を作って墓まで送って行った。親方は、病気になるとすぐ有能な職人を世話してもらった。親方に死なれた未亡人も、息子が成人するか、もしくは自分が再婚するまで、職人たちといっしょに営業していけるよう取りはからってもらった。

比較的大きな都市では、もちろん各ツンフトが専用の家、つまりツンフト会館を持っていた。親方が金持ちであればあるほど、建物は豪華だった。ヒルデスハイムにあったクノッヘンハウアー＝アムツハウス、すなわち肉屋ツンフトの会館は、おそらく、なかでももっとも美しくもっとも有名なものの一つであったろう。ツンフト会館のなかにツンフトの箱がおかれ、そのなかにツンフトのもっとも重要な文書、印章、司法杖、ツンフトの資金が入れられた。この会館に、職人たちは会議や社交のために集まった。こういう場合にもきちんとした決まりがあって、めいめいが決められた席に着いた。親方と職人と徒弟のあいだははっきりと分けられ、親方は職人と同じジョッキで飲んではならなかった。

ツンフトはしだいに、都市の公的生活に影響力を持とうと努めるようになった。手工業者は義務だけではなく、権利をも欲したのである。そのさい彼らは至るところで、古くから定住している門閥の抵抗に会った。門閥は何十年、いや、しばしば何百年にもわたって市参事会に占めてきた権力ある地位を放棄することなど、露ほども考えていなかったのだ。まだ政党も選挙もない時代のことだから、ものをいうのは力である。対決のきっかけは、市参事会の作った税の規定、それも多くは消費物資に対する間接課税であった。市参事会に議席を持たない手工業者は、この税を拒否した。ほうぼうの都市で平和的な協調が成り立ち、ツンフトが市参事会に入ったが、それからまた流血の対決が起こって、そのさいツンフト同士が衝突した。たとえば一三七一年、織物職人がケルンの市支配権に攻撃をかけたとき、鍛冶屋、毛皮職人、パン屋、醸造業者が貴族の味方をした。三十三人の織物職人が死をもってその反乱をあがない、織物職人のツンフト会館は破壊された。

ストラスブール、シュパイヤー、マインツ、チューリヒでは十四世紀前半に、ニュルンベルクでは一三四八年に、反乱が起こった。このときニュルンベルクでは肉屋が参事会に味方し、その功によって皇帝カール四世みずからの手でさまざまの特権を授けられた。なかでも、「謝肉祭前後の数日間、あらゆるおきてにもかかわらず、金、銀、真珠その他なんでもつけたい装飾品をつけてよい」と、年代記作者の報告している特権が目をひく。

ニュルンベルク、ローテンブルク、ベルン、ケルンでは、都市貴族がその地位を守りぬいた。しかし古い対立はしだいに消え、手工業者は至るところの都市で、同権を得て市参事会に入った。ときにはツンフト会員だけが市参事会員に選ばれるようなことさえあったので、都市貴族もツンフトに入った。こういう回り道をして再び政治的な影響力を取りもどそうとしたのである。

ケルンは一三九六年に新しい民主的な憲法を獲得したが、それによれば、だれもが「ガッフェル」の会員にならなければならなかった。このガッフェルとは、いくつものギルドあるいはツンフトの連合体で、そのときに応じてどのツンフトかが主導権を受け継いだ。それで、すべての市民がギルドあるいはツンフトに属さなければならなくなった。といっても、都市の全住民がツンフトの会員だったという意味ではない。完全な市民権を持たない者がたくさんいたからである。ガッフェルは市参事会に代表者を送った。また、軍隊を作り、八個連隊十五個中隊をおいた。

ケルンのそれのような都市憲法ができるとともに、ツンフトはその声望と権力の頂点に達したが、早くも衰退のきざしが見えはじめ、かつての団結はくずれた。初期資本主義の時代に個々の商人が自分の企業を率いてやったように、すでに十四世紀に、ツンフトの定めた限界を越えて成長する最初の手工業者たちが出てきた。十五世紀、十六世紀に、ツンフトは小ざかしい策を弄して新精神をおさえようとし、手工業への受け入れをむずかしくして、技術的な革新に敵対した。あらゆる人のためのものであり、協同体の利益を私益に優先させた組合が、競争相手に対する嫉妬と階級心の支配するカーストに変わった。古いツンフトの理想は終末を迎えたのである。

皮剝ぎ人のナイフ──忌まれた職業と賤民について

今日のわれわれは路上で煙突掃除人に出会えば喜ぶ。この真っ黒な職人を幸運の招き手と見るからである。煙突掃除人と対《つい》をなす白い職人、粉だらけの粉屋に出会うことははるかに数少ない。粉屋は幸運の招き手とされてはいないが、彼とその水車小屋とはロマンティックな息吹に包まれている。昔からずっとこうだったわけではない。黒い、あるいは白い職人を見ることが常に喜びだったのではない。たとえば中世にはこの二つの職業はともに、今日ではもうとてもそうとは思えない他のいくつかの職業と同じく、いわゆる「賤民」の従事する職業であった。そう、口に出して言うのは簡単だし、多少ともよくない想像はつく。しかしこの二字の背後には、きびしい運命、しばしば困窮、心配ごと、悲惨が隠されている。協同体とそのなかでの共同生活が今日よりもはるかに大きな役割を果たした時代に、多数の人間が意識的にその協同体から締め出され、排斥されて、いつかはそのなかに受け入れられる可能性をほとんど持たなかったということは、想像しにくい。

身分上の差別は常にあった。そしてほかならぬ中世は、貴族、騎士、聖職者、市民、農民などさまざまの身分をきびしく区別した。それと並んで中世の都市には、もっと正確にいえば、その周辺には、上述の身分のどれにも属さず、もっとランクの低い人間、インドのパーリアにも比すべき人たちがいた。尊敬すべき市民あるいは農民は彼らと接触したがらず、小売商人さえその金を受け取ることをいやがり、死ぬとだれも墓へ運んで行こうとせず、墓地のなかの離れた場所に埋められた。それもこれも、彼らが卑しいとされる職業についていたからにほかならない。

これらの職業のうちのあるもの、たとえば刑吏とか皮剝ぎ人ならば、そういう差別もまだ理解できる。だが、羊飼い、粉屋、亜麻布職人、風呂屋あるいは煙突掃除人の場合には、どういう理由でこの人たちが忌まれ、協同体から締め出されたのか、今日なお学者たちが頭を悩ますところである。

忌まれた人々のトップにくるのは、死刑執行人、刑吏とその従僕であった。死刑がどれほど重要な役割を果したかについては、司法に関する章でなお詳しく述べることになろう。したがって死刑執行人が、しばしば必要とされた存在であったことはあやしむに足りない。この職業は大都市にはすでに十三世紀以降にあったが、拷問が始まるとともに小さな町村にも現われるようになった。忌まれたばかりか、危険な職務でもあった。それでも採用予定者がいつもいたのは不思議というほかない。おそらくたいそう実入りのいい職業だったことと関係があるのだろう、放浪者の群れから志願者が出てくることもよくあった。この人たちについてはのちになお触れることになるが、彼らはどっちみちたいして失うところのない人間だったのだ。彼らも賤民に数えられた。収入に心引かれた場合もあるだろうが、また、忌まれはしても同時に恐れられているという感情も働いたと思われる。というのは、刑吏が目立つ赤いマントを着て都市の街路を歩いて行くと、人々は冷水を浴びせられたようにぞっとして、触れないようにどっとわきへ寄った。本来は逆であるはずだった。死刑執行人とその家族は、ほかの人たちから離れて町はずれのいわゆる「シュテッカーホイスヒェン（刑吏の家）」に住み、尊敬すべき市民には道をゆずれというきびしい指令を受けていたのである。料理屋にも、居合わせる客が同意しないかぎり入ってはならなかった。入ることが許されると、店の主人は彼を片すみの三脚の腰掛にすわらせた。そして酒を飲むのは、ほかのだれも使わない、ふたなしのジョッキからだった。教会においても、教区民から離れたところに立たねばならず、聖体拝領の順番も最後であった。教会での結婚式も拒否されることが多く、死んだあと、市当局はたいてい、遺体を墓へ運んで行く同じ賤民を数人捜さなければならなかった。

　死刑執行人と接触すると、ろくなことにならなかった。バーゼルのある職人は、酔っ払って死刑執行人といっしょに飲んだため、それからは市民が彼を避け、ツンフトはもう彼を働かせないようになった。哀れなその男は心痛のあまり自殺した。

　死刑執行人自身は、みんなに拒否されてもあまり気にしなかったらしい。同時代人の多くと比べて、確実でしかも驚くほどいい収入を得ていたからである。ミュンヒュンでは四十ペニヒから七十五ペニヒもの固定週給をもらい、一仕事するたびに特別手当てを受けた。絞首あるいは斬首には六十ペニヒ、耳切り、目のえぐり出し、舌抜きあるいは腕切りには六十ペニヒから百二十ペニヒの手当てが支給された。焚刑には、参事会が実にペニヒ貨一ポンドを支払った。たくさんの処刑者を出した都市も少なくない——このことについてはのちになお触れる——ことを考えれば、死刑執行人の収入はたいへん多く、これまでに述べたあらゆる職業、たとえば建築師あるいは小学校長よりも高かったことがわかる。

そのうえになお、さまざまの個人的な収入が加わった。死刑執行人はしばしば――これも不当ではない――医療の心得があるものとみなされたからである。彼は夜陰ひそかに、人間や家畜のところへ呼ばれて行った。そして、整骨とか添え木あてのような実地の経験に乏しく、薬草の知識もないときには、呪文で治療を試みた。人々はしばしば、その神おろしや魔法の飲み物を、ほんとうの医者の知識よりもはるかに信用したのである。その使う「薬」なるものはまことに無気味であった。それは絞首刑にされた罪人の頭蓋骨、死刑にされた者の皮膚、「死刑囚のあぶら」だったのである。絞首台から切り取った泥棒の手を家畜小屋の飼い葉桶の下に埋めておくと、馬は病気にかからなかったし、盗みをするときにその手に火をつけると、強盗の成功が保証された！　刑吏はそのほかにもなお、絞首台の下に生ずるまんだらげのようなお守りを売った。これは熱病や家畜の疫病除けになるとされた。また、裁判官が罪人の頭上で死刑を宣告して折った司法杖のかけらも需要が多かった。

この残酷な職業はこんなにもうかったのだが、それに比例して危険でもあった。死刑執行人は、やりかたがまずいとひどい目に会ったのだ。たとえばウィーン市の市民は、刑吏が罪人の首を二度切らなければならなかったという理由で打ち殺した、と報告されている。プラハでは、刑吏が同じ失敗をして、市参事会に処刑された。死刑執行人が犠牲者と同じ運命に陥ることもしばしば起こった。ミュンヒェンでは、新しい死刑執行人は先任者の首で最初の腕試しをするのが常であった。一三二一年に、ミュンヒェン最古参の死刑執行人が絞首刑に処されたという記録が残されている。一三八一年には古い刑吏が新しい刑吏に斬首され、一四二二年には市参事会が刑吏の目をくり抜き、舌を引き抜かせた。中世最後の死刑執行人の一人は、かっとなって暴力をふるい、人々を脅したというかどで廷丁たちに打ち殺された。

こういう状況にもかかわらず、この残酷な職業に志願する者があとを絶たなかったという事実は不思議であり、今日のわれわれにはほとんど理解できない。それも死刑執行人だけでなく、その助手、いや、裁判となんらかの関係がある者全員について言えることであった。そういう職につく連中もまた、非自由民、放浪者の大群から補充しなければならなかった。すべての廷丁に対する嫌悪がどれほど根深いものであったかを証明するものに、アンスバッハでプロイセン政府が出した命令がある。それは実に一七九七年にもなってから、「廷丁の職務には汚辱が染みついているかのような偏見が支配的である」状況をなんとか変えようとして出されたものである。

ところで、こういう人たちはかなり多人数の社会のなかにいたわけで、そこにはまだ、似たり寄ったりの職業がいくつもあった。皮剝ぎ人も刑吏とほとんど同じようなものだった。それどころか、刑吏よりもっと下にランクされる地方もあった。刑吏の場合にはなんとなく無気味な雰囲気が周囲にただよっていたが、皮剝ぎ人にはそれがいっさい欠落していたからである。その仕事は、都市のなかでもっとも汚いものであった。彼は病気になった獣を殺し、死んだ家畜の皮を剝ぎ、死体を片づけた。そのほか、多くの都市では汚水だめの掃除まで引き受けなければならなかった。奇妙なことに、市民にとっては刑吏よりも皮剝ぎ人に近づくほうがもっと危険なくらいだった。皮剝ぎ人の馬や手押車に触れただけで、賤民にされ、「もう手職ができなく」なったのだ。皮剝ぎに関しては、どんなにちょっとしたことでも、自分でしてはならなかった。農民が死んだ家畜を家畜小屋から出すと、同じく賤民にされた。市民が年取った飼い猫あるいは番犬を自分の手で殺して庭に埋め、皮剝ぎ人がそれを聞きつけると、その家のドアの柱にナイフを突き刺す。するとその家の住人は、殺した当人が相応の金を払って自由の身になるまでは、賤民であることを免れない。だが、その市民が軽率で、ナイフにさわったり、自分でそれを引き抜いたりしたらたいへんである。彼はもうだれにも助けてもらえず、永久に賤民となって、協同体からはじき出されるのだ。もっとも近しい友人ですら彼を避け、彼は家族ともども乞食あるいは放浪者として生きていかなければならなかった。

墓掘り人の職務も刑吏に劣らず危険であった。墓掘り人は魔物や亡霊とつき合っているとうわさされていたのである。人々はしばしば、彼が、たくさんの犠牲者を葬って収入をふやすために、まじないで疫病を招き寄せ、「ペストの種をまき散らす」のだと信じ込んだ。一五六二年になってもなお、ウィーン新市区の墓掘り人とその妻は、拷問で罪を自白させられたあとで、生きながら焼き殺された。

刑吏、皮剝ぎ人、それにある程度は墓掘り人が、その職業のせいで賤民に数えられたことは理解できるが、そのほかになお、なぜ忌まれるのか、まったく説明不可能とまではいわなくとも、どうも奇妙に思われる職業があった。浴場主《バーダー》もそのひとつで、これははじめは刑吏とほとんど同じ段階にランクづけされた。中世には「司教か浴場主か」という俚諺《りげん》があったが、これは「すべてか無か」というような意味である。今日のわれわれは床屋あるいは医療助手というときにわざと古めかしてこの職業名を使うことがある。もともと浴場主はその名の示すとおり、たくさんある風呂屋のひとつで働いていた。今日なら「浴場管理人《バーデマイスター》」というところであろう。したがってその仕事は、風呂の用意をし、頭を洗うとともに、散髪をし、ひげをそることであった。それになお、放血と瀉血、傷と腫物の手当が加わった。彼は手足の整骨をし、添え木を当て――これは数多くの馬上試合では特に重要な仕事だった――歯を抜いた。癩病の疑いがある市民は浴場主に診てもらい、その疑いが確証されたときは町から追放された。それゆえ浴場主はほんとうのところ、今日の浴場管理人、理容師、歯科医、そして――ある程度は――外科医の祖なのだ。しかしそれでも、この事実は彼の声望を高からしめるには至らなかった。もっとも、たとえばヴュルツブルク、あるいはチューリヒのようないくつかの都市は、浴場主を比較的早い時期に賤民とすることをやめ、十四世紀後半にはツンフトに受け入れているのだが。

浴場主と並んで、そのほかにもなお専業のひげそり職人、床屋がおり、これまた賤民であった。この二つの職業はしばしば争い合った。そして浴場主は、彼らがあまり出しゃばらないよう、特に外科医の仕事をしないよう、嫉妬の目で監視していた。

たとえばバンベルクのように、浴場主が煙突掃除人の仕事もしなければならない都市があった。そのためにしばしば煙突掃除人は、自分たちのツンフトを作りながら、賤民に数えられることが起こっている。煙突掃除人と対をなす白い職人、粉屋も同じであった。

市民と農民は粉屋をきらい、粉屋がありとあらゆる詐術で人をだますと悪口を言った。粉屋は二種類の枡を用い、粉箱を二重底にし、粉袋の上にはよい粉、下には悪い粉を詰める、などといったのである。「どの水車小屋のそばにも砂の山がある」という古いドイツのことわざがあるが、これは粉屋が小麦粉に細かい砂をまぜるといっているのだ。これはドイツのことわざであるが、わが国の粉屋の名誉のために、彼らがほかのヨーロッパの国々の粉屋と比べて特によくもなければ悪くもなかったことを言っておかなければならない。ほかの国々のどこででも、粉屋は同じように信用されなかったのだ。水車小屋は都市のなかではなく、さびしいところにあって、伝説やメールヒェンのなかではしばしば強盗、殺人の舞台になった。飲み屋と同じ悪評を買っていたのである。また粉屋は、あらゆる種類の悪霊とつき合いのある魔法使いとみなされることも多かった。しかし粉屋に対する憎しみがまったく根拠のない古い偏見であることはとうに実証されている。とはいえ、粉屋の全体がこの偏見に苦しみ、十八世紀にはいってまで賤民のひとつに数えられるようになってしまった。粉屋を怒らせ、その地位を外に向かってはっきりと示すことを目的として、彼らは諸処で刑吏のために絞首台の梯子を整えさせられたり、さらに――たとえばヴュルツブルクで――絞首台を立てる手伝いまでやらされたりした。手伝いというのは、彼らはこの仕事を亜麻布職人といっしょにやったからで、この亜麻布職人がまた評判が悪かった。たとえばある嘲笑歌には、「亜麻布職人はりっぱなツンフトを持っていて、高い絞首台で集会をする」と歌われている。彼らは「絞首台の鳥」と悪口をいわれ、織機は嘲笑的に「絞首台」と呼ばれた。粉屋と同じように彼らは泥棒と見られ、織り糸をごまかして布地を縮めると陰口をきかれた。たて糸にさっと塗る小麦粉糊のかわりに、皮剝ぎ人から手に入れた犬あるいは馬のあぶらを使うといわれ、盗みぐせがあるともいわれた。それゆえに先にあげた嘲笑歌は次のようにつづけられる。「亜麻布職人は毎年豚を二頭屠殺する。一頭は盗んだ豚、もう一頭は自分のではない豚」。何もかもが悪質な陰口にもとづくものだった。

羊飼いの職業は今日のわれわれにはたいそう牧歌的な気分を誘うが、これまた賤民のひとつに数えられた。彼らは贓物《ぞうもつ》を隠匿し、泥棒を働き、羊を取替えてしまうと悪口をいわれる。また、しろうとにはわからないようにたくみに、羊から毛をむしり取るともいわれた。羊飼い自身の羊はけっして死なず、死ぬのはいつもきまって他人から預かった羊だった。こういうことわざがある。「大根とにんじん、粉屋と泥棒、羊飼いと皮剝ぎ人、どれもこれも似たり寄ったり」

都市と田舎で、定住している人々や実直な職人に対してすら、すでにこれほどの偏見があったとなれば、放浪する人々、乞食やジプシーに対してはどんなであったか、およそ察しがつこう。国家が失業保険、健康保険などあらゆる種類の保険によって生活困窮者、貧者の面倒を見ている今日では、年取ってから少額にせよ確実な年金をもらえない、病気あるいは事故のために働けなくなったときに援助が得られない、ということがいったい何を意味するのか、まったく想像もつかない。当時は貧者、病人、身体障害者が、街道に、都市に、村に、群らがっていた。哀れななかでももっとも哀れなこういう人たちに、無数の乞食が加わった。彼らは物乞いを、人々をだましてらくに生活の資を稼ぎだせる、安上がりで気楽な商売と見なしていた。事実彼らには、だれかれの別なく援助の手が差し伸べられた。キリスト教的な慈善をほどこすのにちょうど適した対象だったからである。

信仰と善行の持つ拘束力をはっきりさせ、敬虔な市民にちょうどよい折りにキリスト教的な隣人愛を思い起こさせるために、乞食は特に好んで教会のドアの前に集まった。ここではしばしば、ぞっとするような場面が演じられたにちがいない。ブレスラウでは、一五二五年に市参事会が、彼らのなかにまじっているいかさま師を排除しようとして、教会のドアの前で乞食の取り締まりをやらせたという記録がある。たまたまあるとき、刑吏がそこを通りかかった。ある年代記作者は次のように報告している。「乞食たちのなかには、ただぞっとするような様子を作り、悪臭を発散させようというだけの目的で、足や太腿に血や死んだざりがにその他のものを塗りつけたり縛りつけたりしている悪党どもがまじっていたが、この連中は刑吏を見ると、てっきり審問されるのだと思い込んで、あっというまに飛びあがって町の外へ逃げて行った。これでこういう恥知らずのやからをやっかい払いできたのである」

しかしほんとうの窮乏といつわりの苦しみとが、気の毒な市民にどうして見分けられたろう? 自分の魂の救済は気になるし、教会にすすめられはするしで、市民は正直に喜捨をし、それによって、乞食の跳梁と放浪民の数をふやす結果を招いただけだった。それでも足りず、有力な市民は自分たちの力で「貧民会館」を建てたという話である。うまく立ち回る人間は町から町を渡り歩き、しばしば、なかなか悪くない生活を送った。たとえばブルフザールでは、ある市民が遺産を提供し、その収益で、町を通過する旅人はだれでも貧民会館で晩にえんどう豆スープにありつくことができた。

若いころのアルブレヒト・デューラーが描いたとされる木版画に見られる乞食の家族．これは『愚者の船』（1494年にブラントの書いた風刺作品）の挿絵であるから，乞食の帽子についている道化の飾りは寓意的なものにすぎない．

しかしどんなに善意の市民にも乞食が重荷になり、市参事会が介入せざるを得なくなるようなこともしばしば起こった。とりわけ戦争、欠乏の時代にそれがあった。都市自体がさまざまの困難をかかえ込み、よそ者の面倒まで見きれなかったのである。そういうとき、土地の者にだけ物乞いが許され、その目的のために都市が乞食の鑑札を発行した。乞食を監督するために、市参事会は専任の乞食監督を任命した。それはたいていは単純な人間で、その職務ゆえにしばしば彼ら自身が賤民に数えられた。しかもその仕事はおよそ報いられないものであった。彼らがどんな連中を相手にしなければならなかったかは、十五世紀の末ごろにバーゼルで出版された『放浪者の書』にもっともはっきりと示されている。乞食の実態を詳しく述べたこの小冊子を読めば、彼らの思いつきの豊富さに感心するとともに、市民が教会の求める犠牲を払う気持ちはありながら、それでも乞食の群れを拒否してあっさり賤民の仲間に数えてしまった理由が容易に理解できる。以下、同書から少し引用しよう——

町に入るときに帽子を隠し、盗まれたとかなくしたとか称して、一人が十個、十二個ものかぶりものを集めてあとで売り飛ばす盲人がいるから、注意しなければいけない。悪いことをしたために盲目にされた者も少なくはないのだ。彼らはほうぼうの土地を渡り歩き、絵を描いた板を持って、教会の前へ行き、ローマ、サンチアゴ、その他の遠方の町に行ってきたと称する。そして、そこでたいへんな前兆が起こったというのである。それはみな、いかさまでありぺてんである。十年、あるいはもっとまえに盲目にされた盲人もある。こういう連中は木綿を血で染め、布で目の上を縛って、もとは商人あるいは小売商人だったのだが、森のなかで悪党のために盲目にされたと言う。

町に入ると、衣服を宿において、裸に近い格好で教会の前にすわり、ぶるぶる震えてみせておそろしく寒がっていると思わせる乞食がいる。悪党に身ぐるみ剝がれたと称する者もいれば、病気のために売り食いをした、もしくは盗まれたと称する者もいる。そう言って、衣服を恵んでもらうのである。

「ダリンガー」というのはもと刑吏で、一年か二年まえにその職から離れた者である。彼らは教会の前に立ち、われとわが身を鞭打って、罪のつぐないに巡礼に出るつもりだと言う。しばらくはこういうことをやって人々を欺いてから、彼らはまた、もとの刑吏にもどる。物をやりたければやってもよいが、それは子供のすることである。

「クレンクナー」と呼ばれる乞食の一種は、すねの骨をひどく折って教会の前にすわっている。足のない者もいれば、手あるいは腕のない者もいる。ある者は鎖をそばにおいて、無実の罪で捕まっていたと言う。彼らはふつう、聖セバスチアンとか聖レオンハルトといった聖者の像をわきに立てて、哀れっぽい声で喜捨を請う。これは三重のごまかしである。一人は悪事の報いで、足を牢獄で削ぎ落とされ、もう一人は手を戦争、賭博、あるいは娼婦とのことがもとで切り落とされたのだ。また、腿をしばって松葉杖をついているが、実際はなんでもない者もいる。

最後にもうひとつ、賤民の大きなグループが残っている。それは、市民にも貴族あるいは農民にも一面ではかなり評価され、その働きで人々を喜ばせながらしかも同時にはっきりと軽蔑を見せつけられていた人々、すなわち見世物芸人と楽師であった。気晴らしと娯楽に乏しい時代にあっては、彼らの仕事にもある意味があった。芸人、手品師、綱渡り師、道化師、軽業師、歌手、楽師など、彼らのすべては町から町へ渡り歩き、あらゆる機会をとらえて市場、結婚式、その他の祝祭で演奏したり芸を披露したりした。「彼らは踊る熊、犬や山羊、猿やマーモットを連れて現われ、綱を渡り、前へ後ろへととんぼ返りを打ち、剣とナイフを投げてその刃の上に身を伏せ、火を呑み、石を噛み砕き、マントと帽子の下で、また魔法の杯と鎖を使って、手品をやり、人形にフェンシングをさせ、ナイチン

1473年ごろにできたこの木版画には，1人のぺてん師が，感心している農民たちにいかさまをやって見せているところが描かれている．他の農民は穀物を水車へ運んでいる．

ゲールのようにさえずり、くじゃくのように叫び、のろじかのように鳴き、ダブルフリュートの音《ね》に合わせて取っ組み合いやダンスをし、グロテスクな獣の面をかぶってはね回り、雑な芝居の場面を演じ、酔っ払いやまぬけのまねをし、こっけいな掛け合いで口げんかをし、俗人や聖職者の身分を茶化し、めちゃくちゃで無作法な茶番劇をやった」と、芸人のことを書いたある本に記されている。

もちろん彼らは芸を見せただけではなく、見物人の感嘆と愚かしさをたっぷり利用してぺてんにかけた。託宣用の木を使って占いをするいんちき占い師もいれば、さまざまの種類のいかさま賭博師もいた。

芸人は一種特別な地位を占めた。彼らのあいだにある種のランクの差があったからである。へたくそなバイオリンを弾いて村から村へ、祭から祭へと渡り歩く連中がいるかと思えば、また、音楽家としてのみならず歌手、詩人として傑出した、専門の達人もいた。しかしこういう人たちも「名誉を売って財貨」をもらった。財貨をくれる相手に、歌のなかで名誉をお返ししたのである。彼らは後援者、恩人を賛美し、その人たちのランクが高ければ高いほど、彼ら自身の声望も高くなった。従者に服や楽器を持たせる芸人もいた。いろいろの文学作品によって、王侯の宮廷で思い切り優雅な服装をした芸人たちがいたことが知られる。しかしどんなに美しい服を着、どんなに高い報酬を受けようとも、彼らが賤民である事実を覆い隠すことはできなかった。彼らの身体と生命は、財産と同じく保護を受けることはなかったのである。

乞食や皮剝ぎ人を襲ってみても、そのかいはなかったが、芸人となると話は少し違う。それでも、だれ一人彼らを強奪と襲撃から守ってくれはしなかった。彼らは名誉というものを持たなかったから、それを失うこともなかった。市民の子弟あるいは貴族がこの蔑視された職業につくと、父親の遺産を受け継ぐいっさいの権利を失った。たとえば、芸人が償いを受ける奇妙な方法を定めたシュヴァーベン・ラント法の次の条項は、まさしく嘲弄と解さなければならない。「芸人および、名誉を売って財貨をもらうすべての人間は、太陽によってできる人の影を与えられる」。これはつまり、だれかが芸人に償いをしなければならないときには、太陽のあたる壁の前へ出る。すると芸人は、その人自身のではなく、壁に映った影の首すじをなぐりつけてよい、ということなのであった。

さらし台と絞首台のあいだ——中世の司法について

中世都市の風景にはしばしば、市壁や塔、市民の家の破風や教会の尖頂窓とまったく同じように、絞首台がつきものである。毎年無数の観光客がたとえばローテンブルクの拷問部屋やニュルンベルクの地下牢獄を見物してぞっとする。絞首台と拷問台は、彼らにとっては暗い時代におけるきびしい司法のシンボルであり、ロマンティックな雰囲気をただよわせる古い小路や風化した市壁とはっきりした対照をなしている。

刑罰といえばただただ残酷と考えるのはおそらくゆきすぎで、中世都市がこころよいロマンティックな町だったというイメージと同様に適切ではない。しかし厳格と非情はたしかに中世の法の本質的特徴である。そういうにはそれだけのりっぱな根拠がある。ヴァルター・フォン・デア・フォーゲルヴァイデはある詩のなかでこう嘆いているのである。

不実が背後に待ち伏せ、
暴力が大道を濶歩する。

平和と法はひどい傷を負っている。

この言葉はヴァルターの時代にばかりではなく、本来、中世全期、特に十四、十五世紀にあてはまる。大領主も小領主もお互い同士の私闘に明け暮れた。諸侯は都市と戦い、都市は諸侯と、そしてほかの都市と戦った。王たちの力は、こういう争乱をとめるには弱すぎた。こういう不穏の時代には強者が弱者を圧倒した。小悪党がどさくさまぎれに利をあさり、できるだけ多くの利益を確保しようとしたのもうなずける。数多くの私闘とその結果についてはのちになお触れるところがあろう。ともかくそのために、街道は物騒になった。哀れな旅人が、相争う二つの勢力のあいだに入り込むようなことにならなくとも、私闘をやって金に困り、獲物あるいは身代金でなんとかしようと考えている騎士の手中に陥ることはあった。その場合、身代金を払って少なくとも体は無事で助かれば、まだしも幸運といえた。森のなかにたむろしている賊や追いはぎだと、もっと簡単に決着をつけた。彼らにとっては、そのときに手に入る獲物だけが問題だったから、襲撃して人殺しをやることなど平気だったのだ。

都市のなかも、田舎と比べて事情は似たり寄ったりだった。年代記は、ならず者ばかりではなく、金持ちの市民の子弟もこういう強盗行為を働いたことを嘆いている。つまり七百年まえにも、青少年犯罪については今日と同じような問題があったわけだ。これはその当時も国際的な問題だったにちがいない。ロンドンからも、ヴォルムスやウィーンからも、こういう嘆きの声が聞こえているのである。たとえばウィーンでは、ルドルフ・フォン・ハプスブルクの従者たちが、ワインを取りに夜、街路へ出て行かされたときにしばしば襲われた。その災いをなんとかしようとして、ある夜二人の騎士が従者に変装し、襲いかかった者を全部叩き斬った。次の朝、何人もの名望ある市民が殺されている息子たちを発見したとき、町の嘆きの声はたいへんなものだったという。ルドルフ王は、部下の騎士たちがかってに司法権を行使したことを黙認した。

泥棒が夜、人家に放火し、騒ぎに乗じて強盗を働くことも多かった。小規模の襲撃や泥棒は日常茶飯事であった。

今日の意味での警察はなく、市民はたいてい、自分たちの手で平安と秩序を守るために努力しなければならなかった。ミュンヒェンでは一三七一年に市参事会の決定で、戦時および非常時には各小路が夜、巡回のために三人、市門警備のために二人の番人を立てなければならないことになった。さらに各戸は中庭にも番人を一人立てさせられた。この数はきちんと記録に残っている。こういうふうにして夜の平安を奪われた市民にとって、このような勤務につくことが相当な重荷だったことは十分に想像できる。そののち、市民は「見張り料」を出して、職業的な番人を雇った。

もちろんこの種の自警措置だけではすまず、法律によって法と秩序を守るよう配慮しなければならなかった。この点で、中世後期はそのまえの数十年とも現代とも異ならない。しかし今日では国家が統一的な立法を行なっているのに反し、中世ドイツの法律制度は完全に分裂していた。法はただ口伝えに生きつづけたにすぎない。今日の意味での法律家、すなわち大学を卒業した職業的な裁判官ある

原告および弁護人とともに法廷に出た被告．上方のベンチにすわって司法杖と剣を持っている左から２番目の男が裁判官．男たちの指の格好で，いま発言していることが示される．フォルクアハ市の法典にのせられた細密画．

いは弁護士は、当時はまだいなかった。関係者がいくら努力しても、世間での法の不安定をどうすることもできず、恣意の横行する危険は目に見えていた。個々の領邦、いや、きわめて小さな領主たちまでもがみずからの手で裁判を行ない、個々の階級のために定められた法理もあった。都市も独自の裁判権を有し、それによって、伯爵領間で結成された一般的な裁判連合から離脱した。しかしそれはさしあたり、いわゆる「低次の」裁判権だけについてのことであった。奉行《ぶぎょう》が都市の裁判官としての職務を行ない、一般市民の、そして低次の刑事事件、つまりたとえばちょっとしたできごころからの窃盗などを裁いた。強盗、殺人など、もっと重大な事件となると、扱いが違った。被告の身体と生命にかかわる問題だったからである。高次の裁判権を獲得するのに成功した都市も多い。その目じるしは、北部および東部ドイツでは、すでに述べたように手に斬首刀を握った木製あるいは石造のローラント像である。

十二世紀中期以降、市民は法律と条例をいっしょに書き記すようになった。どの都市もが独自の都市法を作るというわけにはいかなかったので、別のもっと大きな都市からそのままちょうだいしてしまうこともあった。たとえばマルク・ブランデンブルク、ラウジッツ、シュレージエン、プロイセンの騎士領、さらにはポーランドの多くの都市がマクデブルクの都市法をもらい、レヴァル、ダンツィヒ（いまはポーランドのグダンスク）、エルビングを含む北海、バルト海沿岸地域の数多くの都市にも同じものが見いだされる。ベーメンとメーレンでは、バイエルン＝オーストリア、ニーダーザクセン、フラマンの諸要素が重なり合っている。

都市法のほかにも法典があった。そのなかでもっとも有名なのはおそらく『ザクセン法鑑』で、ザクセン族の法を述べようとしたものであるためにこの名がある。その著者についてわれわれの知るところはあまり多くない。それは騎士アイケ・フォン・レプコで、その名はアンハルトのレッピヒャウという村の名にちなんでいる。彼は一一八〇年から一二三三年のあいだに生き、すぐれた教養を積んだに違いない。この法典の初稿はラテン語で書かれたからである。おそらく彼自身は陪席判事として活動したのであろう。いずれにせよ、その法知識は傑出していた。この大著を書き下ろすのに、彼は十年以上を費やしたに違いない。再三再四、補足と改訂の手を加えているのである。この書には、皇帝と教皇の関係、ドイツの国王選挙、封建法、あるいは一市民、一農民の権利について記されている。彼ははじめから、低ドイツの自分の故郷で使われるにとどまらない本を書くつもりだった。そのために、方言的な表現を除き、ドイツの北部でも南部でも使えるドイツ語で決定稿を書いたのである。そのかいあってこの本は大いに普及し、やがて何百もの写しができて広まった。東方へ移住する開拓者たちも、それを「ドイツ法」として新しい故郷へ持って行き、それでこの本はやがてポーランド語とチェコ語に訳された。そして、多くの都市法がそれをもとに作られた。南ドイツの法典、たとえば一二七五年ごろにアウクスブルクである聖職者が書いた『シュヴァーベン法鑑』もそれを範としている。

十四世紀に、『ザクセン法鑑』の最初の挿絵入り手写本ができた。熱心な芸術家が多数の小さな絵を欄外にていねいに描き込んで本文を補い、その都度、相応する本文の個所を数字で指示した。こういうとたいへん簡単に聞こえるが、実際は、挿絵画家はたいそう困難な課題を解決しなければならなかった。しばしば超感覚的なこと、たとえば法律期限、意志表示、判決などを絵で表わさなければならなかったからである。幸いにして、これらの手写本のうちの何冊かが残っているため、今日のわれわれは中世の司法についての文章を読むことができるだけではなく、見物人として審理の席に出ることもできる。だが、それだとてそう簡単なことではない。表現力に富む絵ことばが見る者の目にはっきりとわかるまでには、詳しい研究が必要なのだ。

このページと次のページにかかげる二つの細密画を一瞥してみよう。ちょっと見たところでは奇妙な感じを与えるかもしれない。たぶん少しこっけいで、昔好まれた判じ絵を思わせるところが少々あるのだ。どんな些細なところにもそれなりの意味があり、ほとんどどの線も意味の連関のうえで重要である。

上の図は、裁判権が直接に国王にない場合には、非の打ちどころのない人間はだれでも裁判官になれることを示している。ただ、ヴェンド人とザクセン人はお互いに相手を裁くことは許されない。この図では、裁判官の前に、とんがり帽とひげでそれとわかるユダヤ人、絵のなかではいつでも毛皮の襟飾りをつけて描かれるフランケン人、「ザックス」という曲がったナイフを手に持っていることからわかるザクセン人がいる。革ゲートルを巻き、髪を短く刈ったヴェンド人は、一人離れてわきに立っている。真ん中の男たちは誓いの身振りをして、裁判官と交渉しているることを表現しているのに対して、ヴェンド人の手つきは、彼がその交渉に加われないこ

とを示している。
上の図の左方では、ある財物をめぐって二人の当事者が談判している。二人とも同じくその請求権を持っているから、二人で誓いを立ててその財物を同じように分けるか、もしくは、いわゆる水試しという神明裁判に決定がゆだねられるか、どちらかである。すべての神明裁判と同じく――決闘は別だが――この水試しも聖職者の主宰と監督のもとに行なわれる。この図では、聖職者は二人のあいだに立っていて、坊主頭でそれと判別がつく。立証者は冷たい水を入れた水槽のなかに横たわっている。下に沈めば、彼は不正で、有罪である。また引き上げるには、体に巻いた綱を使う。
『ザクセン法鑑』に示されるような神明裁判は、大昔から裁判ではふつうに行なわれていた。被告の有罪か無罪かをいわゆる神の援助によって決定しようというものである。今日のわれわれがその手続きを聞くと、何百年にもわたってこのやりかたがきわめて重要な役割を果たし、王侯も庶民も、罪ある者もない者も、それに従わなければならなかったということをとうてい信じることができない。しかも、みんなが進んで受け入れた決定、生死にかかわるその決定が、偶然に左右されることが実にしばしば起こったのである。

だれも逃れることのできないもっとも有名な神明裁判がおそらく決闘であることは、伝説や物語によって知られていよう。病人、子供、女、聖職者――ときとして貴族も――だけが、代理人を立てることを許された。闘いそのものはまったく生死にはかかわらなかった。敗者の血が土を染めるか、あるいは決闘者のどちらかが力尽きて戦えなくなるかすれば、それで十分とされたからである。刑吏がただちに敗者を引き取ることもよくあった。

すでに述べた水試しには、奇妙なことにやりかたが二種類あった。被告が沈めば有罪とされるのが一つだが、しかし逆に、沈むのが無罪のしるしと考えられる場合もあったのだ。なにしろ、だれにでもわかることだが、いろいろと圧力がかかったのである。火試しは、そうではなかった。被告は火のなかに手を入れていることで自分の無罪を証明しなければならなかった。だが人間というものは工夫の才に富んでいるから、この方法では満足せず、別の種類の火試しでは、被告に蠟をしみ込ませた肌着を着せて燃える薪の山の上を渡らせた。さらにもう二つ、火試しの方法があった。被告に焼けた鉄を素手で握らせて九歩あるかせるのが一つ、もう一つは、焼けた鋤べらを九つ並べた上を渡らせるのである。こういうと奇妙に聞こえるかもしれないが、こうした苦行に耐えなければならなかった哀れな人たちが、さしたる傷も受けずにそれを乗り切ったこともしばしばだったという話である。そのなかでもっとも身分の高い人はハインリヒ二世の皇后クニグンデだったという。彼女は誣告《ぶこく》のためにこの火試しを受けなければならなかったのである。

　これに比べると、聖別された食べ物の試しはもっと無害であった。あらかじめ司祭の聖別したひとかけらのパンあるいはチーズが被疑者に与えられる。それを呑み込むのに苦労したり、それがのどに引っかかったりすると、有罪が確証されたことになる。今日のわれわれはこの方法を憫笑するが、しかしそれは、諸処の未開民族の行なう同じような実験を想起させる。彼らは、良心がとがめているとのどがからからになりやすく、したがって犯人の仮面を剝ぐのに役立つということを正しく認識したのである。

　もっとも有名な神明裁判の一つにバールレヒトがある。これは『ニーベルンゲンの歌』で知られ、殺害者を調べようとするときに用いられた方法である。殺された人は棺台《バーレ》にのせられ、被疑者は司祭に導かれて死体のそばに歩み寄り、その傷にさわらなければならない。有罪の場合には傷口からまた出血するか、死者の顔色が変わると、堅く信じられていた。そういうことが起こらず、容疑者が進んで罪を告白しなければ、彼はこの試しのあとで釈放されなければならなかった。自白を強制するためにあとで拷問することは禁じられていた。

　総じて拷問について述べてみる。多少とも自負心を持ち、観光に意を用いる城や都市は今日、ほんものの拷問部屋を見せてくれる。そのなかでは暗黒の中世がなおさら暗黒に見える。しかしここでは、人気を呼ぶ、身の毛もよだつような表象から少し離れなければならない。十四世紀になってはじめて、拷問はイタリアからドイツへ入ってきた。拷問がしばしば用いられたのは中世ではなく、十六世紀以降のことである。それはもともと、容疑が重大犯罪にかかわる場合、つまり主として、常習犯罪者、盗賊、市井のならず者など「有害な連中」に疑いがかかった場合にかぎって、用いることが許された。犯罪者のほうも、拷問に耐える能力を持たねばならなかった。拷問はたいてい、異なる三つの段階に分けられた。

第一段階は縛りで、犯罪者は両手の関節を縄で骨に達するまでぎりぎりに縛りあげられた。ときには拷問吏が指絞めあるいは足絞めを使って、指あるいはふくらはぎを絞めつけた。それでも犯罪者が屈しないと、第二段階では梯子の上で引っぱられた。つまり、梯子の上で手足を引き伸ばされるか、もしくは、背中で手を縛って吊りあげ、しばらくぶらさげておかれたのである。第三段階では、梯子の上に引き伸ばした犯罪者の裸の肌に、硫黄にひたした羽根の軸をのせてそれに火をつけるか、爪の下に先をとがらせた松材を突っ込んでそれに火をつけるかした。そのほかにもなお、「スペイン合羽」、「デンマークマント」、「イギリス処女」などの拷問具があった。国際的な響きを持つこういう名は、同じ人間を苦しめる工夫《くふう》の種が尽きないことの証左にすぎない。

しかし、ある都市のどの片すみにも捕吏がひそんで、怪しむに足る凶行あるいはほんものの犯罪を探り、犯人を法廷へ引き立てて行くなどという図は、とうてい想像することができない。事態はむしろ逆で、拷問部屋と絞首台は、きびしい、ときにはあまりに残酷な司法のシンボルではあっても、けっして真に徹底した司法のシンボルではないのである。

今日の国家は市民の安全に注意を怠らず、警官と刑事の大群が大小の犯罪の摘発に従事し、検事は国家権力の代理者として、秩序と法律が乱されたときに公訴を提起する。それに反して中世にはなお、「原告がいないところには裁判官もいない」という原則がまかり通っていた。そのため多くの犯罪が放置される一面、のちにフェーメのところで述べることにするが、犯人が審理のまえに原告と和解してしまうことも十分にあり得た。しかし、ひとたび裁判官の前に立って、その罪が立証されたとなると、命にかかわることになりかねなかった。小さな犯罪の場合にも厳刑が科されるのが常だったからである。今日の意味での禁錮、つまり、長期か短期かの差はあれ、牢につながれる刑を言い渡されることは、当時はなかった。悪名高い地下牢に入れられるのは、まず第一に未決囚であった。

犯罪は二つの範疇に分かれた。一つは違反で、これは皮膚と髪の刑（これはあとに説明がある）、あるいは罰金刑ですんだが、刑事犯罪は首、あるいは手にかかわった。後者は言葉どおりに死、あるいは肉体の一部切断をもって罰せられたのである。中世の司法は、死刑をできるだけ秘密裡に、迅速に執行し、犯罪者に無用の長い苦痛を与えまいとする原則を重んずるどころか、逆に、できるだけ人目をひく見世物にすることを心がけた。死刑には、「もっとも寛大で」「もっとも名誉ある」ものとされる斬首のほかに、絞首、焚刑、生き埋め、溺死、車裂き、四つ裂き、串刺しがあった。そのどれもがもちろん、物見高い群衆の前で執行された。そして彼らは、今日の人々が血なまぐさい映画やテレビドラマを見るときと同じように興味を持って、こういう残酷な見世物を見物したのである。肉体の一部切断というのは、手あるいは親指の切断、目のえぐり出し、鼻あるいは耳の削ぎ落とし、舌の引き抜きなどで、これらは比較的軽い窃盗の罪にも適用されることがあった。処刑と肉体の一部切断は、けっしてまれではなかった。少なくとも、刑事裁判権を有する大部分の大都市には、「絞首台山」あるいは俗にいう「ラーベンシュタイン」に、専用の絞首台があった。リューベックのそれは五本の石柱で造られていて、高さが二十メートルあった。パリでは、モンフォーコンの丘に十六本の石柱で築かれた建造物に、常時十六人までの死人がぶらさがっていた。罪人をおろすことは許されなかったのだ。それもこれも、ただ見せしめにするだけのためだった。「ただ……だけ」という言葉をここで強調するのは、こういうふうに残酷な見世物にしてさえ凶行はあとを絶たなかったという事実があるからである。この事実は、死刑に反対する明確な論拠になる。

このきびしい司法はいかにも無慈悲で無気味な感じを与えるが、それでも、犯罪者が逃げられる、あるいは刑を軽減してもらえる抜け道が、一つや二つはあった。庇護権《アジール》もその一つである。教会、修道院、賦役農場、それにまた水車小屋、渡船場も、避難所になっていた。それらの場所は犯人を追及者の復讐や逮捕から守ってやり、犯人が上述の原則に従って起訴を免れ、それとともに法廷での有罪宣告を免れるよう和解交渉をする可能性を与えた。ときには逃走することまで可能にしてやることがあった。たとえば、追われている者がうまく川のほとりの渡船場に行き着くと、渡し守はだれにも妨げられることなく彼を対岸に渡してやることが許されていた。追う者と追われる者が同時に渡船場に着くと、渡し守は追われる者を舟の前部に乗せ、自分は真ん中にすわって、追う者を後部に乗せた。そして対岸に着くと、追われる者が先に降りて走って行ってから、追っ手は降ろしてもらった。有罪宣告をしたあとでも、裁判官にはなお自分の裁量で寛大な処置をとる余地が残されていた。そして最後に、ほかの者も、宣告を受けた者のために寛大な処置を嘆願することができた。その第一はもちろん司祭と修道士であるが、さらに高位高官、貴族の婦人、無辜《むこ》の子供たちにもそれが許されていた。それればかりか、死刑を宣告された罪人が刑場に向かう途中、いや、絞首台の下まで行ったときにさえ、品行の正しい娘の嘆願によって釈放されることがあった。しかしその娘にとっては、こういう同情から出た行動は相当な危険をはらんでいた。場合によってはその罪人と結婚しなければならなかったからである。刑吏でさえも、ある程度の寛大な処置をとる権利を有していた。大量に処刑するときには、十人に一人を金で釈放する、あるいは減刑することができたのである。『マイヤー・ヘルムプレヒト』には、若いヘルムプレヒトがその十人目にあたって絞首されず、目をえぐり出されるだけですんだことが述べられている。要するに、死刑を宣告された者にも、いよいよというときに輪から首を抜くことができる可能性がたっぷり残されていたわけである。ただし、貧乏人は金持ちよりもはるかにつらい目に会ったことはつけ加えておかなければならない。金持ちなら金にものいわせて話をつけることができたし、貴族は仲介者、援助者を見つけるのがずっと容易だったのだ。

「皮膚と髪」の刑はそれよりも危険度は少なかった。棒でしたたかになぐられるだけですむ者もあった。ただし、それにも差があった。刑吏になぐられると、罪人はその先、賤民とされ、きびしい運命を担わされることになったのである。賤民でない人間になぐられたのだと、賤民にはならずにすんだ。

焼き印押しあるいは耳裂きはもっときびしい刑罰だが、ほかに特別なグループとして辱めの刑があ

足枷をはめられた囚人．その左に裁判官が立って審問を行なっている．1475年ごろの木版画．

り、そのなかでももっとも有名なのがおそらくさらし台であろう。都市のにぎやかな交差路あるいは市庁舎わきにさらし台が立てられ、そこに罪人が首枷をはめられて縛りつけられ、見世物にされた。罪人はしばしば手に鞭を持たされ、通りかかる人はだれでもその鞭でなぐることができるようになっていた。酔っ払い、安眠妨害者、けんか好きの女などがこのさらし台に立たされたことを考えると、この中世的な処罰法にある程度親しみを持つことができるかもしれない。

中世の司法について今日知られていることはわずかであるが、絞首台、拷問、さらし台がそのすべてではない。歴史小説あるいはゲーテの『ゲッツ・フォン・ベルリヒンゲン』、クライストの『ハイルブロンのケートヒェン』に養われて、秘密裁判、すなわちフェーメの血なまぐさい判決に関する奇妙きてれつな観念がいまなお残っているのである。

このフェーメは事実、存在した。これにはいろいろ神秘的なところがあって、しばらくの期間、その判決ゆえに恐れられていた。しかし、文学作品に描き出されるような、身の毛のよだつものでもなかった。フェーメ法廷は主としてヴェストファーレンにあり、そこでしかこの裁判は開けなかった。その源をさかのぼれば、カール大帝に征服されるよりま

フォルクアハ市の法典（1504年）にのせられている細密画は，重罪裁判の場景を一枚絵の手法で描いている．市の廷丁と裁判官が死刑囚を絞首台に伴い，聴罪師が彼を慰める．そのあとに刑吏が待っている．

えの時代にザクセン人の作ったゲルマン的法秩序に行き着く。中世後期には、神聖ローマ皇帝の承認を得て、法廷が開かれた。ケルンの大司教たちがいわゆる大司法官（シュトゥールヘア）を任命し、大司法官がまた、今日の裁判長にあたるフライグラーフを任命した。称号はものものしいが、たいていは市民か農民、しばしば庶民で、彼らはその職に満足できた。名誉になるだけではなく、いい収入にもなったからである。彼らがややこしい手続きでまた参審員を任命し、参審員は「三十グルデンの税金」を納めなければならなかった。この参審員の職が引っぱりだこだったことを考えれば、フライグラーフの収入も類推できる。参審員の多くはヴェストファーレンの人間だったが、ドイツのほかの地方からも応募する者が多かった。一四三七年にはアウクスブルクだけに三十人の「知る人」がいた。この名称はまた、フェーメに関するすべてが神秘のヴェールに閉ざされていたことを想起させる。参審員は採用されたとき、フェーメ裁判所で、「太陽と月、水と火、いっさいの被造物、父母、兄弟姉妹、夫と妻、友と子、砂と風」に対しても秘密をもらさないという神聖な誓いを立てなければならなかった。参審員同士のあいだにも、助け合えるように秘密の目じるしがあった。誓いを破れば死刑であった。資格がないのに「秘密会議」に出た者も同じである。といっても、この会議は極秘裡に行なわれるわけではなく、決まった場所で朝の九時から午後までのあいだに開かれた。

だれにでも、たくさんあるフェーメ裁判所の一つに訴え出る権利があった。訴えられた者はフェーメ信書によって召喚された。しばしば廷丁がこの召喚状、あるいはのちには判決文を、夜陰にまぎれて、訴えられた者の住居のドア、もしくは住居に近い木に張りつけた。訴えられた者のなかには、すねに傷持つ場合は特に、最初は召喚に応じない者もいたことは十分に想像できる。そういうときには、裁判官は、訴えの正しいことが立証されたのち、法律上の保護停止を宣し、大司法官は参審員全員に、極秘の誓いを立てさせたうえで、罪人を見つけしだい手近の木に吊ることを命じた。

死刑の数の多さとしばしば不意打ちのその執行とは、強い道徳的な影響を及ぼした。しかし常に死刑判決が下されたわけではなく、補償金が課されることも多かった。全市、市参事会員全員がフェーメに呼び出されたときには特にそうだった。そしてこういうケースが裁判所にはいい収入の種になったのである。ローテンブルクの一市民があるとき、ヴュルツブルクの司教を訴えて六百グルデンをかちとった。司教がその金を払わなかったので、原告はフランクフルトの見本市で一千グルデンの値打ちがあるヴュルツブルクの財物を押収させた。ところがフランクフルト市長がそれに干渉したため、ローテンブルクの男が今度は市長をフィリヒストの裁判所に告訴したところ、フランクフルトの全市民は六十シリングの罰金を払うべしという判決が下った。この種の判決は、フェーメ裁判がもうしばしばみずからの限界を認めなくなったことをはっきりと示している。フェーメ裁判に対する反対の火の手は、まず中部および南部ドイツであがった。一四二六年にザクセンの諸都市が連合してフェーメ裁判に反対し、一四三六年にはアルザスと南ドイツとスイスの諸都市がそれにならった。一四六八年、アウクスブルク市は、ヴェストファーレンのフェーメ裁判所へ訴え出た二人の市民を斬首させた。

十五世紀の終わりごろ、フェーメの勢力は衰えはじめたが、それでもなお数世紀は保《も》った。最後のフライグラーフが死んだのは一八三五年になってからのことである。

教会のドアの前で大口をあける地獄――復活祭劇から職匠歌へ

それほど急にというわけではないが、十三世紀の中ごろにはすでに、騎士文学の盛期がしだいに終わりつつある徴候が目立ってきた。シュタウフェン時代最大の詩人、ヴァルター・フォン・デア・フォーゲルヴァイデはあるとき、宮廷風に洗練された歌のなかに粗野な調べが混入して古い形式を駆逐しそうになっていることを嘆いている。たしかに、まだ騎士の理想は生きており、まだ詩人たちは名誉ある戦いを、貴族の婦人の美しさと宮廷風のミンネを、歌ってはいたが、もはや騎士階級の盛期におけるような反響を見いだすことはできなくなっていた。

ヴァルターその他、彼の同時代人があまり評価しなかったこういう新しい調べを響かせはじめた最初の人たちの一人に、ナイトハルト・フォン・ロイエンタールがいる。彼もヴァルターと同じく低い新貴族の出で、遍歴の騎士、歌人として生活の糧《かて》を稼ぎださなければならなかった。しかしこの二人は本質的に異なっており、その差異が彼らの作品に沈澱している。有名なハイデルベルク歌謡写本にのっている彼らの像を一目見ただけで、その差異が実にはっきりとわかる。ヴァルターはさも沈鬱げな面持ちで石に腰かけ、片手で頭を支えて、彼自身がこの瞬間を描写しているように、世の運命に思いをこらしている。ナイトハルトはこれとはまったく違って、ちょうど陽気な農民の群れとふざけ合っているところである。この農民たちは彼の友だちでもあれば敵でもあって、彼はしじゅう彼らとことをかまえては嘲り、相手はまたその嘲りに利子をつけてお返しをするというふうであった。

彼の歌も多くは、その絵姿と同じように粗野で陽気である。歌われるのはもはや宮廷風のミンネ奉仕ではなく、たいていは田園生活である。人々は春と夏には戸外で踊り、冬になると、年配の男たちは部屋にこもってさいころ遊びを楽しみ、若い人たちはどこかの農家に集まって踊る。そういうとき、部屋は片づけられ、テーブル、ベンチ、腰掛けは外に出されて、ヴァイオリン弾きや歌手が訪れ、踊りのリーダーが、ゆっくりしたテンポで踊りの皮切りをする。

ナイトハルトがこういう無邪気な楽しみを描写することで満足したというのではない。鋭い観察者である彼は、農民の振舞い、すなわちそのぜいたくな身なり、ぎょうぎょうしいしゃべりかた、猿真似した宮廷風の上品なものごしなどにしんらつな嘲笑を浴びせたのである。農民が二十四種類もの布地で仕立てた服を着込んで洒落のめしてみても、踊っているうちに役どころを忘れ、恋敵となぐり合いをはじめるというのでは何になろう。こういう農家の部屋で、ツンフトの連中が集まる居酒屋でのつかみ合いと同じような騒ぎが起こったことも時にはあったにちがいない。こういう場景を描写した詩が、やがてドイツ全土に多数の愛好者を見いだした。そしてナイトハルトがあるときしばらく沈黙すると、友人や信奉者は新しい詩、とりわけ、ほとんど常に流血の騒ぎが歌われる「冬の歌」を作ってくれと、命令口調で要求した。

ナイトハルト・フォン・ロイエンタール．14世紀初頭のハイデルベルク歌謡写本にのせられている細密画．詩人は長衣に毛皮裏のマントという宮廷風の服装．農民は上っ張りにベルトを締め，タイツをはき，刀あるいは短刀で武装している．

騎士ナイトハルトほ農民の日常生活の粗野でリアリスティックな場景を描き、自分がこういう農民たちと摩擦を起こしたときには全体を陽気な調子に仕上げているのだが、ほぼ同じ時期にもう一人の詩人、われわれには園丁ヴェルンヘアという名でナイトハルトと同じくバイエルン＝オーストリア地域の出身だということくらいしかわかっていない詩人が、その韻文物語『マイヤー・ヘルムプレヒト』のなかに、堕落した農民階級をきびしい見方で描き出している。これについてはすでに中世の司法に関連して述べた。堕落した騎士身分にきびしい判断を下し、農民が分を守り、目がくらんで貴族の猿真似をしようとしないかぎりはこれを称賛するという態度から、この詩人の身分はなんだったのかという疑問がわいてきた。ヴァルター、あるいはナイトハルトと同じように遍歴の騎士だったのではないかと推測する人々がある一方では、自分なりのやりかたで古い秩序の崩壊を防ごうとした定住の貴族だったのではないか、と考える人たちもある。おそらく彼はすでに市民で、騎士をも農民をもよく知っていた、いわば局外の観察者であったろう。というのは、文学作品のなかでは市民が騎士に取って替わることがますます多くなってきていたからである。『トリスタン』の詩人ゴットフリート・フォン・シュトラースブルクは、宮廷時代に最初に現われた教養ある都市市民である。十三世紀後半には、ハイデルベルク歌謡写本のなかに出てくるミンネゼンガーのうちにも市民の姿が見られるようになってきた。その系列の最後がチューリヒの市民ヨハネス・ハートラウプで、スイスの詩人ゴットフリート・ケラーは、短編『ハートラウプ』を書いて彼を長く記念している。下っ端の書記だったハートラウプは、その詩のなかでは騎士身分のミンネゼンガーの役を演じているが、昔の騎士のミンネそのものは、そこにはもはや跡形も残っていない。チューリヒの上流社会は喜んで彼の作品を迎えて、宮廷風の形式のたくみな模倣を楽しんだ。

一般的にいって、公衆がたいそう重要な役割を果たし、文学は聞き手ないしは読み手の趣味に順応しはじめた。もちろん人々は、騎士も市民も、英雄たちの事績、ジークフリート、グンテル、ディートリヒ・フォン・ベルン、エーレク、イーヴァイン、さてはトリスタンの話を聞くことを好んだ。しかしその周囲はもはや、騎士階級の盛期のように光り輝いてはいなかった。騎士たちは彼らの都市で、諸侯や都市と私闘を繰り返し、経済的、政治的な不安に追われて、宮廷的な理想を求めるどころのさわぎではなかった。しかし都市に住む市民は、もっと冷静な考え方をした。彼らは英雄精神をもはや理解せず、まず第一に楽しみを求めて、何かを学び、教養を積もうとしたのである。

それで読み手ないしは聞き手の輪は広がり、もはや城や諸侯の宮廷だけにかぎられなくなった。この場合にも、需要が供給を規定した。改作される素材がふえ、詩人と三文文士がふえた。この連中も都市出身で、都市の学校で基本教育を受けたのち、自分の知識と能力を示そうと決心したのである。それから、きたるべきものがきた。量が質に取って替わったのである。騎士文学を考察するときには、周辺の群小作家にはあまり注意を払わずに頂点から頂点をたどればいいのだが、この場合には大量の作品のなかからいくつかの真珠を拾い出すのにひどく苦労する。

たとえば『ニーベルンゲンの歌』あるいは『パルチヴァール』のような偉大な騎士叙事詩が成功を博したあとであってみれば、この文学ジャンルが引きつづき追求されたこともよくわかる。それに、いいお手本がないわけではなかったのだ。たとえば、ヴォルフラム・フォン・エッシェンバッハの理解しにくい、曲がりくねった表現法を手本にした詩人もいれば、ゴットフリート・フォン・シュトラースブルクの優雅なスタイルを真似たり、ハルトマン・フォン・アウエのやりかたにならって外国の伝承を故郷の舞台に移そうとしたりした詩人もいた。騎士に関する素材がなお主流を占めていたが、それは詩人たちがまず第一に貴族の読者層をねらったからばかりではなく、市民もこの環境を好んだからである。今日の人々が、形こそ違え、週刊誌のゴシップ欄で貴族や王侯のことを知りたがるのと同じことなのだ。

偉大な騎士詩人の後継者のなかでもっとも有名な一人に数えられるのが、マイスター・コンラート・フォン・ヴュルツブルクである。「マイスター」と呼ばれるのは、彼が市民の出であるとともに、その作品の基底にあるたぐいまれな博識のゆえである。彼は白鳥の騎士ローエングリン、オットー大帝、トロイア戦争について物語り、ドイツ史やイギリス、フランス、それに古代の伝説世界から材料をとった。そういうとき、たとえば古代の神々の武技や恋愛事件を、アーサー王を囲む騎士世界の精神で物語るとか、ハンガリー、ノルウェー、イギリス、スペインの公爵やその他多くの人々をギリシア人の同盟者としてアテーナイの港に集めるなど、事実関係をごちゃごちゃにしてしまったきらいはあるが、それも、読者がこういう素材にどんな興味を寄せていたかを証明しているだけのことである。これらの物語は刺激に富む娯楽を提供してくれたのだが、ただ、少し長すぎる欠点があった。本を読むのに何もそんなに気を張りつめなくてもよさそうなものだ。というわけで、大部の叙事詩とならんで、短い物語がしだいに数を増したのも不思議ではない。短編小説や笑話がさかんに書かれはじめ、話がさつであればあるほど反響も大きかった。嘲笑の詩人ナイトハルトも、ナイトハルト狐としてそういう笑話集の主人公にされてしまったほどである。

この種の収集は、二世紀の歳月を飛び越えて、一五〇〇年ごろの市民にもっとも人気のあった娯楽文芸、すなわち、今日なお忘れられていないいわゆる民衆本に直接つながる。ここでわれわれは笑話の主人公たちに再会するのだが、再会する相手は彼らばかりではない。偉大な騎士叙事詩の主人公が何人も出てくるのである。なかでも特記すべきは「角質のジークフリート」であるが、彼に対する興味は、グンテル王の宮廷での彼の運命、あるいは悲劇的な最期というよりはむしろ、若いころの竜との戦いや宝捜しなど、『ニーベルンゲンの歌』の作者がついでに触れただけで、ハーゲンのそっけない物語のなかに押し込めている冒険的なエピソードに向けられている。

ナイトハルトと交替したのは、これも実在した放浪者ティル・オイレンシュピーゲルである。この男は十四世紀前半に北ドイツにいたもののようで、満ち足りた領主や市民をこけにしたそのいたずらぶりは、長く民衆の記憶に残った。

ナイトハルトの描くまぬけな農民はシルダの市民に受け継がれ、その偏狭さと愚かな振舞いは、数多くの物語にたっぷり材料を提供した。

ハイモン伯の子供たち、あるいは巨人フィエーラブラス、デンマークのオーギエ、ヴァレンティン、オルズスら、伝説によってカール大帝をめぐるサークルのなかに入れられているこういう連中

裁判官席についた死神の前の農民. 15世紀に印刷された木版画.

は、人々を騎士の世界へと連れ戻した。

彼らの冒険ではまだ物足りないと思う者は、エルンスト公爵で満足した。この公爵はバイエルン侯とともに東洋へ出かけ、怪鳥グリフィンに誘拐され、一つ目のキュクロープスや小人《こびと》や巨人その他の奇妙な者どもに出会うのである。

しかし、中世後期の貴族や市民の読書が娯楽だけに終わると思ったら、大間違いであろう。民衆がしばしば深い信仰心を持つことについてはすでに別のところで触れたが、彼らはそのための支えと導きを求めたのである。そしてそれは、ますます内容豊富になって広まりはじめた宗教的な教化文芸のなかに見いだされた。祈禱や説教が書き留められ、書き写されるとともに、旧約および新約聖書から取った材料の再話が行なわれたが、聖者たちのありがたい生涯と死がとりわけ好んで取りあげられた。

『ベーメンの農夫』も深い信仰心から生まれた作品

で、中世後期のもっとも感動的な文学のひとつに数えられるとともに、古い時代から離れて、新しい、もっと開放的な時代を指向する近代的な精神を明らかに示している。その著者ヨハネス・フォン・テプルは、一四〇〇年ごろ、ベーメンのザーツで市の書記をしていた。愛する妻を若くして死の手に奪われた彼は、苦しみに耐えて、同じつらい運命に会った農夫が死神と交わした論争の対話を書いた。三十二章にわたるこの作品のなかで、二人の論敵が交互に発言する。導入部をなす最初の個人的発言ののちに、この論争はたちまち生と死との白熱した対決と化す。死神は農夫の訴えを冷ややかに、優越的な嘲笑をもって退け、生の無価値と俗世のむなしさを教えるが、農夫は神の似姿、創造物としての人間の尊厳を擁護する。二人はどうしても意見が一致しないので、ついに審判者として神を呼び出し、神が決定を下す。「おまえたちは二人ともよく戦った。一人は苦しみゆえに訴えずにはいられなかったし、死神は真実を述べざるを得なかった。それゆえに、原告よ、おまえには名誉を、死神には勝利を与えよう。人間はだれしも、死神には生命を渡し、肉体を地に、魂をわれわれに渡すべき義務を与えられているのだ」

中世の芝居の発端も民衆の信仰心に帰せられる。芝居は、教会における復活の祝祭にいくらか活気を与えようという意図から、ごく控えめにはじめられたのである。敬虔な民衆の大部分は、司祭の唱えるラテン語の祈禱や応答歌についていけなかった。それで、少なくとも視覚的に典礼に参加できるようにしようという考えが生まれた。三人の司祭が婦人たちの役目を引き受けて、主祭壇の近くにおかれたキリストの墓へ歩いて行く。そこで、天使として登場する他の二人の司祭から、主の復活の知らせを受け取る。問答はまだラテン語で行なわれるが、これで第一歩が踏み出されたのだ。第二歩は新しい場面の導入であった。婦人たちは、キリストの遺体のために香油商人から香油を買い、弟子たちは先を争って墓へ駆けつける。

もっと多くの場面をつけ加えようと思えば、それはもう教会の祭壇の前で演ずるわけにはいかなかった。それで舞台は教会の前、墓地あるいは市場に移された。こうなってから、磔刑《たくけい》そのものも、復活祭前一週間の出来事も全部、劇のなかに繰り入れられた。復活祭劇が受難劇に変わったのである。特に南ドイツの諸都市では、劇の大がかりな構成に多くの時間と費用を注ぎ込んだ。市民はこうして、芸術感覚と献身の精神とを同時に実証できるようになった。やがて、こういう劇の舞台装置をできるだけりっぱにすることが体面の問題とされるようになった。宗教的な兄弟団の手で準備が行なわれ、劇が一種の勤行となって、宗教的な性格はなお強調された。

広場の狭いほうの側に建てられた簡単な木造の足場が舞台であった。観衆はその回りに立つか、あるいは回りの家々の窓から劇の進行を見守った。大道具がなかったので、演技者はしばしばプリミティヴな手段で間に合わせなければならなかった。たとえば、なんでもない樽でイエスの登るタボル山を表わすようなこともあった。四本の柱を立ててその上に屋根をのせたものが家であった。ただ地獄だけは特別りっぱに造られ、大きくあけた怪物の口で象徴された。そこに悪魔がうずくまり、大声でわめきながら、哀れな魂を地獄の穴のなかへ引きずりこむのである。

大道具があまり空想をかきたてる役に立たないときには、観衆は別の方法で満足を求めた。たとえ

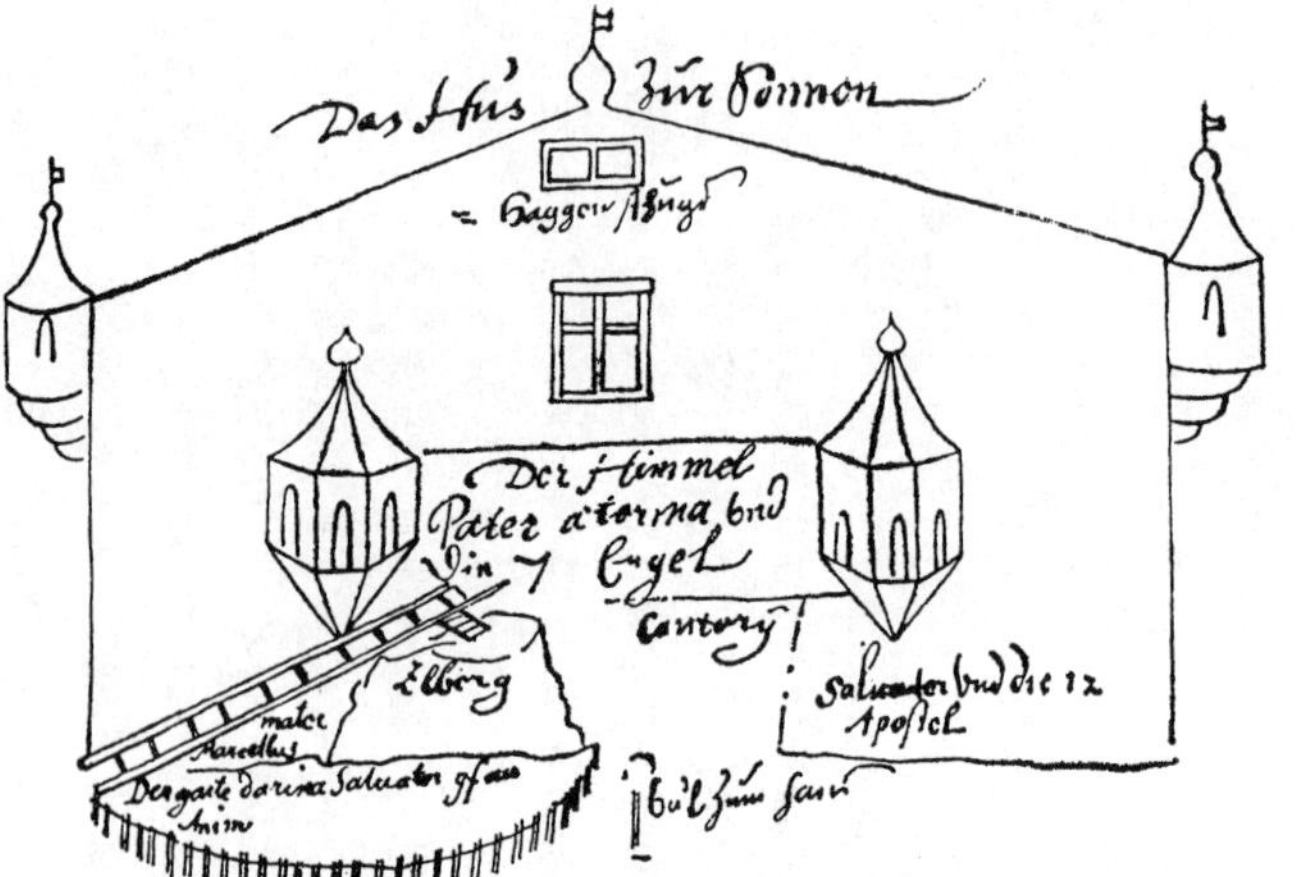

16 世紀に描かれたこの素描は，ルツェルンの中央広場で演じられた復活祭劇の期間中，ある家の前に立てられた天国の舞台面.

ば、悪魔が体内に入ったことを象徴化するために、ユダは生きている黒い鳥の足を口の前に当てて、その鳥にばたばたやらせなければならなかった。そして悪魔は、彼を引きたてて行くとき、彼の体からあらかじめ服の下に隠してあった内臓を引きぬいた。もちろん、鞭打ったり、茨の冠をかぶせたり、磔《はりつけ》にしたりするときには、ほんものの血が多量に流されなければならなかった。キリストとともに磔になった盗賊たちの口からは、絵に描いた魂がぶらさがっていた。それから、右の男の魂は天使が、左の男のそれは悪魔が持って行った。演技者たちは当然、表情の動きを誇張して、どんなに愚かな見物人でも劇の進行についていけるよう配慮した。

劇が大がかりになったためにやがて一日では足りなくなり、劇に夢中になった市民の熱中ぶりにはブレーキをかけることができなくなった。それで、上演は二日間、三日間に延長されて、見物人をたいそう喜ばせた。たとえば南チロルでは実に一週間にもわたって上演されたのである。そうなれば当然、各場面が細部に至るまでたっぷり演じられたことは理解できる。そして、特に愛情をこめて構成された場面もいくつかあった。そういう箇所はたいへん教化的で、多かれ少なかれ良心にやましいところのある善良な観客に冷や汗を流させたからである。キリストの救済行為によって空《から》になった地獄をまたいっぱいにするために、ルシフェルが手下の悪魔どもを派遣する場面もその一つであった。あらゆる身分の人たちが引きずり出され、犯した罪を数え立てられたうえで、悪魔に地獄の穴へ送り込まれるのである。こうして劇は同時に、激烈な説教ともなった。

つぎに掲げるのは一四六四年に演じられたレデンティンの復活祭劇の一部である――

(魔王ルシフェルがペストで死んだリューベックの職人を地獄に迎える)

ルシフェル　麩《ふすま》が鼻からこぼれてるな。おまえはパン屋だったらしい。おれのところで何をしようっていうんだ？　なぜ天国へ行けなかったんだね？

パン屋　ルシフェルさま、お情けを。私の悲しみは深いのです。まえにはパン屋でしたが、中身を空っぽにしてパンを焼き、ふくらし粉をこね粉にうんとまぜたので、パンがふくれあがっちまいましてね。こね粉から何度もひと塊、こね鉢のなかにもどしたものです。麩でケーキを造ったためにお客さんに怒られました。パンを完全に焼きあげなかったので、お客さんは病気になりましたよ。生まれ変わることができるものなら、もうけっしてパン屋にはなりません。

ルシフェル　おい、手下ども。このパン屋をすぐに地獄にほうり込んで、熱いかまどのそばに置いてやれ。風呂場にいるより暖かくなるだろうよ。こいつは皮のうすいパンを焼きおったから、げんこつでなぐってやれ。なぐられてあたりまえなのだ。なにしろこいつのパンはなかが空っぽで、十分に焼いてないのだからな。

靴屋　ああ、情け深い魔王さま、私は造った靴を高く売り、底を火にあてて焼きました。革を塩と小便に漬けて柔らかくし、それに麩を加え、それを靴に塗りました。羊の皮をコルドバの山羊の皮と称して売り、針金のかわりに腱を使ったので、縫い目がすぐにほどけてしまいました。皮の仕上げが十分でなかったために、いま苦しまなくてはならないのです。ああ、また人間にもどれたら、私はもうけっして靴屋の仕事は選びません。

ルシフェル　その言やよし。手下のトゥーテヴィル、ここへ来て、こいつをおまえたちがついさっきピッチを煮立てたばかりのなめし用の桶にぶち込め。そのなかで夜昼ぶっとおしで皮を踏むがいい。

肉屋　私はソーセージを造るときに、牛の口をたくさん焼きました。私はソーセージのなかに、臓物、肺臓、骨から掻き取った豚肉など、好きなものを入れました。焼くときにはヘットを添えなかったので、古靴みたいに汁がじゅうじゅう垂れました。

復活祭劇、受難劇に、やがて降誕祭劇が加わったが、この劇においても同じように教化的なところとコミックなところがまじり合っていた。受胎告知やキリスト生誕などの敬虔な場面に、見物人の趣味と願望に応じて、幼児のために粥を作ろうとしない二人の女中と聖ヨゼフのあいだで演じられる殴打の場面がつけ加えられた。降誕祭劇は三王来朝劇によって拡大され補足された。この劇は王たちの礼拝とともに、ヘロデのお供をする道化のふざけに、なお十分の余地を残していた。

これでもなお足れりとせずに、台本作者と演技者は常に新たな可能性を捜し求めた。十五世紀以降、聖体祝祭劇が上演され、世界終末を扱う劇、楽園劇、聖者を扱う劇、聖十字架発見の劇、さてはエルサレム破壊の劇などがそれに加わった。賢い娘たちと愚かな娘たちを扱った劇は特に人気があった。賢い娘たちはお互いに戒めあって花婿の到着を待ち受けているのに、愚かな娘たちは遊びほうけ、寝過ごしてその到着に間に合わなくなってしまう。彼女たちは結婚披露宴ですわる席がなくなり、悪魔に引き渡されて永遠の罰を受ける。

宗教的な劇に加えて、世俗的な劇もしだいにふえてきた。それらはとりわけ謝肉祭のときに上演された。教化を目ざす敬虔な作品にもしばしばがさつな内容が盛り込まれるようになっていたことを考えれば、これらの芝居の悪ふざけにとめどがなかったろうことは容易に想像できる。こういう謝肉祭劇も路上あるいは市場で演じられたが、とても宗教劇ほどの金はかけられていなかった。上演時間もそれほど長くはなく、通常、さまざまの種族をからかう劇的な一場面が演じられるだけであった。その場合、良風美俗に反する放埒な内容でなかったことはめったにない。特に農民が槍玉にあげられ、その暮らしぶりが誇張した形式で嘲笑された。

長編小説と物語、敬虔な劇、がさつな劇だけで、中世後期の文学が表わされるわけではない。シュタウフェン時代に恋愛歌謡《ミンネザング》によって頂点に達した抒情詩は、市民の手で、いくらか奇妙なやりかたではぐくまれつづけた。正直な手工業の親方たちは、遍歴騎士の遺産を受け継ごうという気を起こした。しかし、かつて恋愛歌人《ミンネゼンガー》がはぐくんだ宮廷的な遊びが、彼らにとっていったいなんだったろう？彼らが関心を持ったのは外的な形式についてだけで、内容はもはや問題ではなかった。

そのはじまりは、ミンネゼンガーが技術をほかの者に教え、自分の生徒を歌人に育てあげることであって、生徒は学習が終わると一種の免許状をもらった。市民、とりわけ手工業の親方たちは、芸術を奨励するこういう可能性に興味を示しはじめた。才能に欠けるところは、勤勉ときびしい規則によって補った。

「職匠歌人（マイスタージンガー）」と呼ばれるこういう人たちはやがて、とりわけ南ドイツの大都市、中都市に生まれてきた。すでに一三七八年、皇帝カール四世はある文書のなかで職匠学校（マイスターシューレ）を認可し、それに紋章権を与えている。

だが、素姓の知れないディレッタントがだれでも職匠学校にはいれたというわけではけっしてない。「マイスター」になるのには、まず「生徒」として詩と歌の規則、いわゆる作歌典範（タブラチュア）を習得しなければならなかった。それがすむと「学友（シュールフロイント）」になり、規則通りに歌を歌うことができれば、「歌人（ジンガー）」の称号をもらえた。既存のメロディーに新しい歌詞をつければ、それでもう「詩人」といわれ、さらに、独自のメロディーを工夫することに成功すると、ようやく望みのマイスターの称号を獲得することができた。

きびしい技術をみがくために、市民は、きまった日曜日に礼拝のあとでしばしば教会で、あるいはまたツンフト会館で開かれる歌唱学校に集まった。ふつうはまず「自由歌唱」にはじまり、それには他郷の歌人も参加することができた。それに引きつづいて、ツンフトの会員だけが加わる主要歌唱が行なわれた。このときに歌われる歌の内容は宗教的なものにかぎられた。主要歌唱の入賞者には賞品が出されるのがしきたりであった。たとえばドーナウヴェルトでは、一等賞は聖霊のついた銀の冠で、受賞者は四度の日曜日に礼拝のときと路上で、この冠を帽子につけることが許された。ニュルンベルクでは一等賞は「ダビデ」であった。これは、マイスタージンガーの守護聖人であるダビデ王にハープをあしらったメダルをつけた銀の鎖である。二等賞は、絹製の花環であった。

こういう賞を獲得するのが容易でなかったことはたしかである。ツンフトの会員によって任命される判者《メルカー》が、もしや歌人が「誤った見解」、すなわち、「けしからぬ非キリスト教的な考え」を抱いてはすまいかと、おそろしくこと細かに注意を払ったからである。もちろん歌人はメロディーをも正確にマスターしなければならなかった。そのメロディーはいわゆる「調《ちょう》」、あるいは「節《ふし》」で、これにははっきり決まった、しばしば実に奇妙な名まえがついていた。たとえば、かたつむり節やまんねんろう節があるかと思えば、筆記用紙節、短・猿節、空色調、肥沃調、蛙節、誠実・ペリカン節、芳香マヨラナ節、悲哀ゼンメル節、子牛節、肥満あなぐま節があり、隠居くずり節というものまであった。

職匠歌が最盛期を迎えたのは、おそらく十六世紀のはじめ、ニュルンベルクにおいてである。この町では靴屋のハンス・ザックスがもっとも有名な職匠歌人で、リヒアルト・ワーグナーは『ニュルンベルクのマイスタージンガー』によって彼のために長く残る記念碑を打ち建てた。しかし十六世紀末にはもうこの芸術は衰退しはじめた。最後のマイスタージンガーは十八世紀になお、ウルムにいた。

詩のこういう硬直化に民衆が無意識のうちに抵抗した、とでも言いたくなるような状況が生まれてきた。というのは、親方たちがきびしい規則と形式に従って技術をみがき、真の詩をほとんど死滅させた一方で、詩はかえってもっと美しく、民謡のなかに再び咲きさかったからである。民謡の根は多種多様で、あるものはたいそう古く、またあるものはミンネザングにさかのぼる。しかしその一分枝は、遍歴者の歌う詩のなかで発展した。彼らは学術的なラテン語で歌ったのだが、その歌の内容たるや、たいていはおよそ学術とは似ても似つかないもので、人生の喜びを称え、貴族や市民、特に、けちなやり口で放浪者の自由な生活を阻害する連中に嘲笑を浴びせかけた。

民衆は、提供される刺激はなんでも受け入れた。心のおもむくままに歌い、喜びと悲しみを歌い、恋の歌であればやさしく、歴史や伝説から材料をとれば荒っぽく歌った。たとえば騎士の血みどろの私闘や、英雄ヒルデブラントとその息子ハドゥブラントとの戦いを歌う場合にはそうだった。もちろん、それらになお、数多くの敬虔な歌が加わった。特にマリア崇拝は実に美しく表現された。そして、ほかならぬこれらの民謡が何世紀も生き延びて、中世の人間から現代へと生きた橋を架けることになるのである。

「菜っ葉はウィトゥスの日、えんどう豆はグレゴリウスの日に」
――農民の日常と労働について

一〇三〇年ごろ、テーゲルンゼー修道院の一修道士がラテン語の韻文で、半ばメールヒェン、半ば冒険小説というべき騎士物語『ルーオトリープ』を書き、そのなかで時代状況と諸身分の生活とを実に適切に描き出した。農民と田園生活も触れられている。一五一〇年ごろ、画家アルブレヒト・デューラーは、フランケン地方にある故郷の村カルヒロイトの風景を描いた。名も知れないバイエルンの修道士の物語とニュルンベルクの画家の絵とのあいだには五百年という年月が横たわっているのに、この絵は『ルーオトリープ』に描写される農民生活の挿絵といってもおかしくはない。農民の生活と村の外観はこの五百年間にほとんど変化せず、上部オーストリアの物語『マイヤー・ヘルムプレヒト』を読もうが、ディーポルト・シリングの『スイス年代記』に添えられた貴重な絵を数枚見ようが、どこでも同じ農民生活に出会う。市民と都市、騎士と城が、中世の生活に関してわれわれの抱くイメージを規定している。しかしほんとうは、常に、そしてどこででも、まず村と農家と農民を見なければいけないところなのだ。住民の大多数にとっては、ここが生活の場である。取り立てて刺激的なことがあるわけでもないつつましやかな世界ではあるけれども、少し詳しく調べてみるだけの意味

ドイツの中世の村はたいてい，16世紀のこの絵にある村のように見えたと考えてよい．

とおもしろさは備えている。なぜなら、村と町、市民と農民は深い関係にあり、互いに頼り合っているからである。

騎士階級の全盛期には、ドイツ語圏内に約一万の城があったといわれる。都市の数はほぼ二千だったが、大きいものはわずかで、大部分はごく小さかった。村の数は正確に算定できない。ただ東方の植民地域にあった村については、ときとして確実な数字が残っている。たとえばシュレージエンには、十三世紀の中ごろまでに約千五百の村が建設されたようである。ちなみにドイツ連邦共和国には今日、二万三千の村落共同体がある。

今日でも村の地割りを見れば、その建設時期をはっきりと推測することができる。そうはいっても、地域による差はある。西部では集村が支配的であった。谷間あるいは山に囲まれた盆地では、数軒の散在する農家がかたまって散村、あるいは村落になった。こういう場合は、きちんとした地割りあるいは建設計画など問題にならなかった。それが行なわれるようになるのは、九世紀以降の植民に伴ってのことだった。集村とならんで、開拓村ができたのだ。それは、南部および中部ドイツでは森林開拓村、北部では湿地開拓村となった。ここには計画の手が働いていることをはっきりと見てとることができる。小川の流れ、あるいは堤の内側について走っている道に沿って、家々が建てられ、その背後に、整然と区画された畑が広がっていた。

エルベ河以東の入植地域には、森林開拓村のほかになお、街道村があった。造り方は森林開拓村とそっくりだが、街道の両側にずらりと家々が建ち並んでいる点が違っていた。最後にもう一つ、共有牧草地村がある。ここでは、村有の広い牧草地を囲んで家々が建っていた。

ドイツの諸種族は、その居住地の条件によって区別しなければならないが、中世の農民生活には、注目に値する共通点が多々ある。村は小さくてささやかだし、家はふつう、木あるいはせいぜい木組み《ファッハヴェルク》でできており、そまつな小屋にすぎないことも多かった。小さな教会すら、単なるファッハヴェルクの建物であった。領主の館、あるいはしばしば村のすぐそばにあった城が、唯一の石造建築であった。とりわけ、南ドイツの比較的大きな村には、庁舎のあることがときとしてあったが、これはすでに注目すべき例外である。

簡素で小さな家々は、南でも北でも似たようなものだったらしい。大きな農家の場合にのみ、上部ドイツあるいはフランケンの、そして低地ドイツの、というような異なるタイプがはっきりと区別できる。そのタイプの一つは、いくつもの建物を寄せ集めてできているのに対し、もう一つは、主要部分に脱穀場と家畜小屋が、後ろの部分には居間と寝室がついている、大きな一部屋だけの建物である。

小屋と農家の屋根は藁、ときにはこけら板でふかれていた。煙突はどこにでもあるとはかぎらなかった。低地ドイツの農家では、破風にあけた穴、いわゆる「ふくろう穴」を通って煙を外へ出した。上部ドイツで使われる煙突は木製だった。

中世末期の村と町．たいていの村はデューラーの描いたカルヒロイト村（上図）と同じように見えたろうが，オクセンフルトの風景（下図）は典型的な小都市の姿をまざまざとわれわれに見せてくれる．

1470 年ごろに描かれたこの木版画には，中世の農民生活と司法のさまざまの場面が見られる．前景の左では豚に餌が与えられ，真ん中では農夫が畑を鋤き，その後ろでは殻竿で脱穀している．右手には枷をはめられた男が見え，後景では，1 人が絞首台にぶらさがり，もう 1 人が車輪にくくりつけられている．

鵞鳥番，マイン河畔フォルクアハの法典（1504年）にのせられている細密画．

柵の多さは戸惑うほどだったらしい。農民は自分の所有地を囲おうとする欲求を持っていたからである。材木や杭はたくさんあった。それで人々は家と庭を柵のなかに入れ、畑と牧草地を囲い、できればなお村全体の回りに柵と堀をめぐらした。この「エッダー」が、野獣から村を守り、放浪者や盗賊がすぐに侵入してくるのを防いだ。

中世の市民の家を描写したときにはなお、そこにある程度現代との類似もあり、比較が可能でもあって、ときには今日の快適な居住性を上回る場合もあったのだが、中世の農民の日常生活を述べるときには考え方を変え、きわめて素朴な段階に身を移さなければならない。一見したところとてもほんとうとは思えないようなことがいろいろとあるのだ。

家は外から見るといかにもつつましい、それどころかしばしば貧乏たらしい印象を与えるが、内部もまったくそのとおりである。床は踏み固めた粘土、壁は漆喰《しっくい》塗りで、壁に木を張るのは裕福な農民にかぎられた。布あるいは編んだ木の枝を張った鎧戸《よろいど》でふさいである四角の穴から、光が入ってきた。冬の曇り日には特に暗かった。寒さを防ぐために穴をできるだけふさいだままにしておかなければならなかったからである。かまどの煙が部屋のなかに漂って出口を求め、煤《すす》を出す松の木片がいくらか闇を明るくしているだけで、冷たい壁、とりわけ窓の近くの壁から湿気がわき出てくることを考えれば、冬の晩はどんなにひどかったか、容易に想像がつく。この牧歌的な場景をなおも完全なものにするには、冬じゅう部屋のなかで飼われた鶏のことを忘れてはならない。そこいらじゅうに害虫がうごめいていたことには触れるまでもあるまい。

こういう全般の状況に見合って、家具調度もおそまつだった。粗っぽい造りのテーブルがすえられ、壁ぎわにはベンチがいくつか置かれていた。低い三脚の腰掛けが椅子のかわりで、そまつな戸棚あるいはたんすはあったものの、寝台のある家はきわめてわずかであった。ふつうはベンチあるいは長持の上に藁袋をのせて寝たのである。冬にはできるだけかまどの近くに寄るか、もしくは――ロシアの農民は

いわゆるペトラルカ・マイスターの木版画は1520年に描かれたものだが，簡単な食事をしている農民が描かれている場面は，中世以来ほとんど変わらなかった．小屋の家具は粗木造りで，右手後方に大きなカッヘルストーブが見える．

上図は1564年の，いわゆる狩猟権地図の一部で，中世都市中心部の実像が示されている．

下図はフォルクアハの法典にのせられた細密画で，町へ向かう農民夫婦の姿が見える．

いまでもそうしているが——大きなストーブの上で眠った。ストーブはしばしばはじめから、家族全部がその上に寝られるように造られていた。

身の回りの全部と同じように、農民の服装もまたそまつであった。男は袖の窮屈な短い上着を着、その下にズボンをはいたが、ズボンはどうしてもなくてはならないものではなかった。ときには、日曜日にだけはく特別なぜいたく品として取っておかれることもあった。粗い布一枚が胴着とマントのかわりで、冬には毛皮が寒さを防いだ。農民靴あるいは木底のついた靴下、ときにはまた靭皮製の靴、またはびっしり鋲を打ちつけた革靴、短く刈った髪の上に麦藁帽、これで装備は完成した。

自由と非自由、老と若を問わず、大部分の農民が好んで短剣を携えたことは注意をひく。領主はその習慣を禁止しようとしたが、農民はいうことを聞かなかった。至るところ、特に田舎では、野原や森に危険が待ち伏せ、盗賊や野獣に対して身を守らなければならなかった時代であってみれば、それも当然である。

女性の服装も簡素でつつましかった。ふつう、上着とスカート、肌着だけで、顔を覆うヴェールは十二世紀になってはじめて現われた。中世後期の文学作品、たとえばナイトハルトの詩、あるいは『マイヤー・ヘルムプレヒト』のなかには、虚栄心の強い農民が衣装道楽にふけった話が出てくる。これはときに一般化されることがあるが、けっしてそんなことをしてはならない。たしかに貴族と張り合おうとした農民もいるにはいた。しかし、一般にもそうであるが、農民の場合にも洒落者は例外現象にすぎなかったのだ。

農民のはでな大食いについても、同じように好んで誇張される。日常生活は灰色、服の布地と同じように灰色であった。そまつな食事もまた、この日常生活のひとつの要素である。材料は自分の家でとれるもので、スープと粥がもっともありきたりの食べ物であった。粥は南部ではきび粥、北部ではひき割り麦の粥で、それにオート麦あるいはライ麦のパンが添えられた。肉が食卓にのぼせられるかどうかは、その農民の経済状態によった。豚や羊などは焼肉の材料になり、ろばの肉も好まれたが、馬肉はきらわれた。海岸では当然、魚が主食であった。重要な役割を果たしたのはチーズである。すでにフライダンクが「愚かな男はチーズさえもらえば、国のことなんかどうだっていい」と言っているではないか。祝祭日には、農家の主婦はケーキや、胡椒ケーキ、蜂蜜ケーキ、バタケーキ、ベーコンケーキなどの小型ケーキを焼いた。『マイヤー・ヘルムプレヒト』のなかで、老農夫は息子に特別の珍味として「クラミッレ」を推賞しているが、これはオーストリアとバイエルンで特に好まれた一種のパイである。丸パンの薄切りをラードに浸して焼き、そのあいだに煮たプラムか子牛の脳みそをはさんだものである。ある記録文書に、陪審員のグループに出された農民風の食事のメニューが載っているが、その内容はベーコン添えのえんどう豆、芥子《からし》つき牛肉、そのあとで黄色い肉スープと白パンを添えた豚肉、というものであった。

それから、とりわけ年間のさまざまの祝祭には御馳走が出された。食事はなんといっても農民に許されるわずかな楽しみのひとつだったからである。北ドイツでは、主な飲み物はビールであった。オート麦ビール、大麦ビール、小麦ビールを、農家の主婦は自分で醸造しなければならなかった。南ドイツでは、主としてぶどう液あるいは自分で搾ったワインが飲まれた。しかし貧乏人は、平日は水あるいは乳漿で満足しなければならなかった。

日常生活の中心は労働であった。労働が朝から晩まで、農民の家庭生活を支配したのである。技術を前提とする変化を別とすれば、畑での労働は何百年もまえからたいして変わってはいなかった。植えつけられる穀物の種類は実に種々様々だったが、主なものを拾えば、冬穀地にはライ麦、夏穀地にはオート麦で、それに大麦、小麦、スペルト小麦が加わった。収穫のときは、まず鎌で、穂を茎の上のほうで刈り、残り株を刈るのはそのあとになった。穀物とともにえんどう豆、大豆の種がまかれ、亜麻が栽培され、果樹園が維持された。じゃがいもだけはまだなかった。じゃがいもがドイツに入ってくるのは、五百年ものちのことになるのである。三圃農法に従って、冬穀地、夏穀地、休閑地がかわるがわる耕された。休閑地と森の周辺は牧場として利用された。豚は特に好んで森のなかへ連れて行かれた。樫《かし》の実がいい餌になったからである。

今日のわれわれは、当時の豚飼養がどんな規模だったのかを、もうとうてい正確に想像することはできない。ルスハルト森についていうと、十五世紀にシュパイヤー市によって三万五千頭の豚、プファルツの農民によってそのほかに八千頭の豚が、樫の実を食べさせるために放牧されていたという記録が残っている。羊の群れも——特にドイツの西部では——それより少なくはなかった。しかし羊は若芽を食うので、山羊と同じく森のなかへ出してやることは許されなかった。

都市の場合と同じように、一つの村の農民が共同で羊飼いを雇った。鶏も、専任の羊飼い——女の子のことも多かった――の監督下にあった。

すべてのことが、決められた規則に従って行なわれたが、その規則は、畑仕事がほとんど神聖といってもいい仕事と見なされたことから生まれたものであった。たとえば犂《すき》起こし、種まき等々を始めるのは、できるだけ一定の聖人の日ということになっていて、この習慣はそのうえ、詩の形で定着していた。

ライ麦の種まきはエギウスの日に(九月一日)
オート麦、大麦はベネディクトゥスの日に(三月二十一日)
亜麻と麻の種まきはウルバヌスの日に(五月二十五日)
からすのえんどうとかぶはキリアヌスの日に(三月一日)
菜っ葉はウィトゥスの日、えんどう豆はグレゴリウスの日に(六月十五日と三月十二日)
レンズ豆はフィリップス・ヤコブスの日に(五月一日)。

こういう習俗は単に宗教的なというだけではなくて実際的な意味をも持っていた。それは同時に協同体生活をも規定し、それによって固定した行事暦が作られたからである。隣家から遠く離れて孤立した農家の場合には、期日の予定表はかならずしも決定的な役割を果たさなかったかもしれないが、村落共同体では全耕地が土地の質も収益状況も同じ「耕地群《ゲヴァン》」に分割されて、各農民がそこに一定の

1500年ごろに作られた木版画のカレンダーに描かれている農民の労働．1月にはまだ手足を外の炉で暖めている．2月には木を刈り込み，3月に種まきをする．下の3つの絵は，農夫とその妻が庭仕事，穀物の収穫，ぶどう摘みをしているところを描いている．

持分地を持ったから、すでに述べた三圃農法の結果として地条《フルール》の強制が行なわれなければならなかった。それは、一人が耕地群のなかで自分の持分地に冬穀の作付けをし、もう一人が持分地を休閑地にしておくということではない。耕地群が同じであれば、作付けをするものも同じだし、仕事を始めるときもほぼ同じであることが規則で決められていた。一定の期日に雇い人を交替させることも同様である。

農民独特の天気占いは今日ではますます忘れられてゆくが、そういう文句のなかには注意深い気象観測がひそんでいる。たとえばこういうものがある。「三月は乾燥、四月は湿気、五月は乾湿どちらもあって楽しく、穀物を袋に、ワインを樽に入れるのにいい」、あるいは「聖母マリアお潔めの祝日（二月二日）に天気がよければ、冬はまだまだ長くつづく」、あるいは「西の風は雨のしる

ここに描かれている結婚披露宴のような宴会は，農民の生活に気晴らしをもたらした．バッグパイプの演奏を聞きながらのどんちゃん騒ぎ．16 世紀のものであるこの木版画の作者が農民の風習をからかい，それを誇張して戯画化していることは見まごうべくもない．

し」。農民の習俗のなかにはキリスト教に由来するものもあるが、多くは異教時代にさかのぼる。異教とキリスト教が混合していることもある。収穫した最初の穂を十字に畑の上に置くと悪霊防ぎになった。最初の穀物束は竜あるいは天使にささげられた。

日常生活は今日のわれわれから見ればとうていほんとうとは思えないほど単調だったから、農民はこの灰色に少し色をつけるために、提供される機会はなんでもつかんだ。農民の祝祭のがさつさとはめはずしを取りあげて嘲笑の的にしている同時代の発言は一、二にとどまらないが、それを読むとき、今日のわれわれは、提供されることの少ない機会にはめをはずさないほうがむずかしかったろうことを常に考えるべきであろう。そしてこういう農民の祝祭ともなれば、現代のある種の娯楽にも十分対抗できる。

中心になるのはもちろん教会の祝祭で、市民の場合と同じように、それに年間の祝祭と家族のお祝いごとが加わった。一五二九年にヨハネス・アグリコーラが、農民の祝祭暦について、要を得た一覧表を書き残してくれている。「われわれドイツ人は謝肉祭、聖ブルクハルト祭、聖マルチン祭、聖霊降臨祭、復活祭を祝い、そのときは一年のほかの時の埋め合わせに、おおいに浮かれ、うまいものを食べる。聖ブルクハルト祭の前夜には新しいぶどう液を、聖マルチン祭にはおそらく新しいワインを祝ってのことだが、人々は肥えた鵞鳥を焼き、みんなで楽しむ。復活祭にはパンケーキを焼く。聖霊降臨祭には幕屋を造り、たっぷり一週間飲みつづける。教会寄進祭の日には、ドイツ人は四、五箇村がこぞって出かけるが、それは一年に一回だけで、それゆえに貴むべき誠実な行為である」。この記述にクリスマスがぬけているのは、たぶん、中世にはクリスマスがはっきりと宗教的な性格を帯びていて、主として教会でのみ祝われたためであろう。プレゼントがされるのは新年になってからであった。

もっとも人気があったのは教会寄進祭で、この日はその性格にふさわしく、さかんな宴会と踊りで祝われた。そういう踊りの楽しさは、ナイトハルト・フォン・ロイエンタールの詩から今日のわれわれにもなおはっきりと感じ取ることができる。彼についてはすでに詳しく述べたが、この詩人は農民とその娯楽に特別密接な関係を持っていたのである。農民の踊りの名称は実に多種多様でおもしろいが、その多くはロマンス語に起源を有するのではないかと推測される。たとえば、フィルライ、フィルレファイ、フィルゲンドライ、ゴフェナンツ、リデヴァンツ、アーデルヴァンク、シュヴィンゲンフルツ、ミュルムム、アーゼル、フーベトショーテン、ハイエルライ、ホッペルダイなどという踊りがあったのだ。貴族の見物人や客にとっては、踊っている人たちのなかにまじって、農民が宮廷風の風俗や振舞いを真似ようとし、いくら格好をつけてみても最後はいつものつかみ合いに終わってしまうさまをながめるのは、特別楽しいことだったであろう。

このように、日常生活と祝祭、労働と娯楽が、ほとんど一様のリズムで交替した。農民の生活領域は狭く、市民のそれよりもさらに制限されていた。市民は危急のときには市壁のなかで少なくともある程度は守られていたが、農民はどうやって切り抜けたらいいかに心を砕かなければならなかった。三十年戦争時代の農民と村落共同体の悲惨については、ショッキングな記述が残されている。中世については同様の記述はほとんどないが、それは、農民とその運命などほとんど問題ではなく、年代記作者たちも関心を持たなかったから、というだけのことであろう。しかし彼らにとっては、中世も後の時代と比べてたいしてよくはなかったと考えてよい。庶民の背中が、めった打ちに耐えられるほどがっしりしているわけもなかった。それに、ドイツの住民のほぼ九十パーセントが農民身分に属していたことを見落としてはなるまい。

このように見てくれば、農民が自分自身と自分の財産との保護を求めたのも、不思議ではない。求める保護は、王からはじまって小貴族に至るまでの領主、それに司教、修道院長などの聖職者領主のもとに見いだされた。国王から領地を封邑としてもらい、そのかわり忠誠を尽くし軍役に従う義務を負っていた領主たちは、その土地のごく一部分しか自分で耕作しないことがしばしばであった。取るに足りない貴族や騎士のなかには、暮らしぶりが農民とたいして違わず、自分の耕地の境界から先はほとんど見たことのない者もいた。しかしそういう男でも、農場に数人の作男を入れてその収益をわがものとすることはできた。こういう賦役農場に働く非自由農民は、しばしばきわめて重い税を払わされた。そのうえ領主のためにいわゆる「賦役」をしなければならなかった。たとえば領主が城を築くときに馬の引く荷車を仕立てたり、道を直したり、木を切り倒したり、汚水だめの掃除をしたり、領主の館の仕事をしたりしなければならなかったのである。大きな賦役農場もあったが、小さな領主も農場もあり、そこも同じように作男が耕作した。

領主は耕地の一部を、こういう非自由民のほかに自由な農民にも貸し、それとともにはっきりと保護を約束することがあった。農民のほうは領主に対して貢納と賦役の義務を負ったが、それは非自由民の貢納と比べればはるかに負担が少なかった。

いくつもの村全部が一人の領主に支配されることもしばしばあった。そういうとき、領主はたいてい近くの城あるいは館に住んだ。しかしまた、何人もの領主が一つの村の支配権を共有する場合もあった。農民にとって、村落協同体は個々の貴族の専横と権利侵害に対する一種の保護者であった。村は家族相互のあいだを結びつけ、協同体がまだ小さい場合にでも人々に自信を与えた。経済的な理由

農民が荘園領主に地代を渡す.

からいっても、村のまとまりはどうしても必要であった。そのためにパン焼き所、それにしばしば製粉所も、村の共有財産であった。しかしここでも領主が介入してくることが多かった。領主がこれらの建物を自分で建て、農民に相応の金を払って粉をひいたりパンを焼いたりすることを強制したのである。

ほぼ十二世紀以降、この状況はしだいに変化していった。古い保護関係はなおもつづいていたが、非自由民と自由民の対立は消えた。貢納はもはや農民にはそれほど重い負担ではなくなり、単に象徴的な性格を持つだけになったことも多い。エルベ河以東の植民地域ではそれが特にはっきりした。荘園領主が農民に対する態度を大幅に修正しなければならなかったのは、すでに述べたとおり、都市の興隆および「都市の空気は人を自由にする」という古い法原理ととりわけ関係が深かった。都市への流入が目立ちはじめ、そのため、穏和な荘園領主はしばしば農民のきげんをとろうとし

上は巡礼教会への行進．1513年にシリングの描いた『絵による年代記』にある細密画．下は，村の菩提樹の下で行なわれる踊り．2人の楽師からなるみすぼらしい楽団．踊りはむしろ荘重な歩行といったほうがよい．シリングの『絵による年代記』にある細密画．

た。農民がなおも賦役をさせられる場合には、荘園領主が、仕事に行く彼らに笛吹きをつけてやり、仕事が終わると踊りのために笛を吹かせるというようなことまであった。

農民はしだいに裕福になり、声望があがった。そのもっとも有名な例証はおそらく、マイヤー・ヘルムプレヒトに見ることができよう。彼はバイエルン＝オーストリア地方の一詩人が一二七〇年ごろに書いた物語の登場人物で、実行力のある自営の裕福な農民である。若いヘルムプレヒトはこの作品のなかで、農民の身分に満足せず、騎士の階層にのしあがろうと望む農民の典型として描かれる。

このころすでに、騎士階級の没落現象ははっきりと目に見えるようになっていた。それでもヘルムプレヒトにとっては、騎士身分に受け入れてもらうことは不可能であったろう。農民の子弟にはその道は固く閉ざされていたのである。しかし追いはぎや盗賊騎士にだったらなれたし、若いヘルムプレヒトにはそれでもよかった。父親の家から飛び出し、大手を振って自堕落な生活ができるということが彼にとってたいせつだったことを、作者は物語っているのだ。最後に過酷な運命が襲ってきた。盗賊騎士として捕吏につかまり、目をえぐり出され、父親に追い出されて、盲目のヘルムプレヒトはさまよい歩いたあげく、かつて略奪した相手の農民たちによって木に吊るされるのである。

農民の生活は十四世紀までは時とともによくなっていったが、十五世紀になって再び局面が変わった。領主たちは新しい賦課と租税を考え出し、自由な農民を再び隷農の身分に追い込もうとした。多数の例のうちのひとつにすぎないが、なかでも悪評が高いのは、ケンプテンの領主修道院長たちの例である。彼らは一四六〇年以後の六十年間に、約一万二千の自由な農民に、逮捕とか教会による刑罰などといったきびしい圧迫を加えて隷農身分に追い込んだのだ。これはもう、新時代の嵐を告げる信号である。農民は暴力をもって権利を戦い取ることに努めなければならなくなり、農民戦争がドイツの広大な部分に危難と悲惨をもたらすことになった。

王侯の敵手——都市同盟と都市の政策について

古い物語集、バラード集のなかでひときわ目立つもののひとつに、ルートヴィヒ・ウーラントの連作詩集『エーベルト大髯伯』がある。この連作バラードの第三は、エーベルトの息子ウルリヒが一三七七年にロイトリンゲン付近でシュヴァーベン同盟に喫した敗戦を物語り、第四は老伯がデフィンゲン付近で同じシュヴァーベン同盟相手に収めた勝利を賛美している。この二つの年号およびそれと結びつく諸事件のなかに、南ドイツの都市の運命が反映している。

都市の市民は早いうちから、自分たちが裕福になり声望を高めてきたことをねたむ諸侯や騎士に対して、個々ではとうてい太刀打ちできないことを悟っていた。そのために諸都市は連合し、ドイツの南部に「シュヴァーベン同盟」、北部にハンザ都市の大経済同盟ができた。都市は成年に達し、強大になって、王侯の政策に大きく関与するようになった。十四世紀以降、都市の歴史は帝国の歴史とますます密接に結びつきはじめる。北部ではハンザ都市が、ヨーロッパの政治をすら動かすことができたほどである。

これらの都市同盟の根本思想は、過去数世紀に都市そのものの生成を規定したのと同じ思想であった。市民が自助を目的として同盟したことはすでに述べた。強大な都市領主に対して成功したことを、王侯、帝国直属騎士に対しても成功させなければならなかった。その場合、失うべき権利をもっとも多く持っていた都市、すなわち帝国直属自由都市が、もっとも早く共同防衛の理念を主張したことはよくわかる。帝国直属自由都市は特別な地位にあり、他の都市群から引き上げられた存在だったのだ。それゆえにこの特別な地位を脅かすものに対しては、それがどんなものであれ不信の念を抱いて対処しないわけにはいかなかった。

その理由は十分にあった。王たちは帝国直属自由都市を、困ったときには楽々と高い税を搾れる乳牛と見なしていたのだ。たとえばカール四世は息子のための選挙費用を捻出しなければならなくなったときに、そういう手段に頼った。それからまた、王たちは帝国直属自由都市を装飾品と同じように抵当にすることができる物件と考え、おおいに市民の不興を買った。そういう抵当が一時的なものであればまだよかった。たとえばアルブレヒト一世は、ちょっとまえに帝国直属自由都市に格上げしてやったドーナウヴェルトを、一三七六年にバイエルンに対して抵当に入れたが、ドーナウヴェルトの市民は、少なくとも一四三四年には帝国直属に復帰したという事実がある。エーガーの市民はもっと不運だった。彼らの都市は一三二三年にバイエルン公ルートヴィヒによってベーメンに対する抵当とされ、のちのドイツ皇帝に請けもどしてもらうことができずに終わったのである。その当時エーガーの市民はかなり軽率に売り飛ばされたわけだが、その子孫は六百年のちに移住するとき、この処置の付けをたっぷり支払わされた。

一般の都市も絶えず脅威にさらされていた。個々の領域君主、公爵、侯爵、伯爵らが都市の費用で自分の居館を拡張し、都市の経済的な権利を制限しようとはかったからである。そのうえ、帝国直属騎士が最後の脅威となった。この騎士たち一般の状況は、都市の発展と比べて正反対の方向をたどっていた。その声望は下落する一方で、それだけに彼らはますます、高価な胡椒を袋で所有していたために「胡椒袋」と呼ばれた富裕な商人を嫉視した。そして、商人に一矢を報いるとともに、ちょっとした強奪行為によって芳しくない財産状態の改善までできるような機会があれば、それをけっして逃すまいとした。苦しめられた都市は、いったいだれと私闘状態にあるのかがすぐわかるように、しばしば独自のリストを作成しなければならなかった。ニュルンベルク市の一四四九年の断交リストには、二十七人の侯爵、四十人の伯爵、四十五人の独立の小領主および八つの都市の名があげられ、断交の騎士の数は従者を含めてなんと約七千人と見積もられている。こういう争いのうちのあるものは伝説にまでなった。ニュルンベルクと騎士エッペライン・フォン・ガイリンゲンとの争いを考えてみればよい。この騎士は、その向こう見ずといわれる行動ゆえに民衆の英雄に祭りあげられたが、最後に七十歳で捕えられて処刑された。

最古の都市同盟の一つが、シュタウフェン朝の権力が失墜する不穏の時代に作られたことは偶然ではない。その当時、ある年代記作者が次のように嘆いているのは正当である。「国は混乱し、貧しい者は嘆き悲しみ、教会は略奪され、町村は焼き払われ、全世界を襲った困窮にため息を洩らさぬ片隅とてない」。不穏の情勢は商業と交通に影響を及ぼさずにはすまず、そのためマインツとヴォルムスの市民は一二五四年に、利益を守るために「永遠の同盟」を結んだ。この同盟に、驚くほど早く他の都市が加わり、それゆえに「ライン同盟」の名があるのだが、さらにスイス、アルザスの諸都市も参加し、同盟はなおテューリンゲン地方にまで広がった。しかしこの同盟は、以後の同盟と一つの点で相違していた。都市の防衛だけが目的ではなかったのである。市民はこの混乱の時代に、驚くべき功名心を燃やした。侯爵、伯爵、聖職者領主の参加を求め、それによって政治的な指導者の役割を果たそうと願ったのである。起こるべきことが起こった。市民はやりすぎたのだ。たしかに数人のライン地方の司教、プファルツ伯、テューリンゲン方伯が同盟に加わりはしたものの、明るい希望を抱いて始められたこの企ても、一二五七年にはすでに完全に崩壊した。二、三ためらいがちの試みがなされたのちに、とうとうまた大きな都市同盟が今度はドイツの南部に生まれるまでには、ともかく百年はかかることになる。そのきっかけは、この章のはじめにちょっと触れた皇帝カール四世による新しい租税で、帝国の諸都市はこれに腹を立て、シュヴァーベン地方の十四都市がウルム市の指導下に武装敵対行動に走った。カールには、市民の自意識を認める気などさらさらなかった。彼はウルムに攻め寄せ、市を囲んだが、市民がみごとな防戦ぶりを見せたために、なすところなく引き揚げざるを得なかった。

皇帝と戦って成功したのだから、かねてから争っていた相手のヴュルテンベルク伯エーベルハルト二世と戦っても成功しないはずはない、とシュヴァーベン人が考えたのも当然である。息子のウルリヒに率いられる伯の軍は、一三七七年にロイトリンゲン付近で市民軍に撃破された。エーベルハルト伯は、ウーラントがそのバラードのなかで美しく歌っているように、この恥辱ゆえに息子と縁を切ったが、皇帝にしてみれば、都市との和解を求め、さらには領主たちとの和解を仲介することくらいしか手がなかった。これでこのシュヴァーベン都市同盟は一挙に強力な組織にのしあがり、もう新しい同盟者を捜すことは困難でなくなった。レーゲンスブルクが、ついでニュルンベルクが加わり、アルザスとスイスの諸都市がこれにつづいた。そして、オーストリア公レオポルト二世とザルツブルクの大司教までが市民と協約を結ぶに至った。

ラインラントでは、一三八一年に、傲慢な騎士の攻撃を防ぐために新しいライン同盟が結成されていた。そしてこのライン同盟とシュヴァーベン同盟が合同し、都市の権力はこの合同によって絶頂に達した。一三八七年、皇帝カール四世の息子でその後継者であるヴェンツェル王は、ニュルンベルクで、諸都市と同盟を結ぶことによってその事実を全世界の前で確認した。王は都市の自由を保護し、いかなる敵に対してもその自由を守ってやることを約束した。市民は市民で、王を帝国内から追い出そうとするいかなる敵にも抗して王を支援することを誓った。明らかに諸侯へのあてつけである。

しかし、衰退は予期したよりも早くきた。王と同盟した一年後にはもう、諸都市はバイエルン公およびヴュルテンベルク伯に対する多正面戦争に巻き込まれた。ヴュルテンベルク伯は、息子の手ひどい敗戦をなんとかして取り返そうとひたすら機会をうかがっていたのである。ライン河とベーメン森のあいだで、諸都市は戦闘に巻き込まれ、一三八八年、デフィンゲン付近でエーベルハルト伯のために大敗を喫した。千人の市民が戦死したが、エーベルハルトのほうも、ニュルンベルクの野戦指揮官を買収して勝利をかちとったとはいうものの、息子の戦死という高価な代償を支払った。ラインの諸都市の状況も似たり寄ったりであった。同じ年にプファルツ伯ルプレヒトとことを起こして、シュパイヤー付近で撃破されたのである。四百人の市民が戦死し、三百人が捕虜になり、勝者は六十人を燃える石灰釜のなかで焼き殺した。こういう事件が起こったあと、ヴェンツェル王も方針を変えて一三八九年にエーガーで全国の平和を布告し、あらゆる都市同盟の解散を命令した。

「一般的な都市の一般的な同盟は廃止せよ……都市は王、ドイツ帝国、全国の平和以外の何者をも拠りどころとしてはならない……この命令に従うことを欲しない都市は、諸侯の手で、従うよう強制される」

あらゆる犠牲はむだ、何千人もの死者もむだ、アルザスだけで二百の村が灰になったのもむだになったのだ。七つの都市だけがこの決定にあえて逆らった。ユーバーリンゲン、コンスタンツ、ラーヴェンスブルク、リンダウ、イスニー、ブーフホルン、ザンクト・ガレンである。同時代の一年代記作者はそっけなくこう書き記している。「かくして同盟は、一束の麦藁のようにひっくり返された。都市は、都市と国との利益と栄光のために、偉大な英知を発揮してりっぱに同盟を作りあげたが、それもみじめな最期をとげたことを人は知るべきである」

偉大な北ドイツのハンザ都市同盟の発展は、これとはまったく違っていた。はじまりも違えば目標も違っていた。それは、ゲルマン語のハンザ＝群れ（シャール）に由来するその名称にすでに表われている。この言葉はもともと戦闘部隊（クリークスシャール）にあてられたものだったが、中世が進

1497年に書きとめられたハンザ都市ハンブルクの都市権に付されているこの細密画には，中世の港における日常生活の多様な姿が示されている．後景では，ちょうど3本マストのコッゲ船が出帆するところである．

むにつれてしだいに、共同して旅を企てる商人の群れに対して使われるようになった。在外商人にとって特に重要なこういう結びつきについては、ギルドによってとうにわれわれの知るところである。捜してみるとすぐ、十三世紀初期のロンドンに、フランドルと北ドイツのほうぼうの都市からやってきた五つの「ハンザ」が見つかる。ブリュージュにはハンブルクとリューベックのハンザが、スウェーデンのゴトランドにも同じくハンザがあった。このことにすでに、リューベックとその大胆な商人のある種の優位がはっきりと表われている。

折りにふれて、二、三の都市がすでに、自分たちの利益をもっとよく、もっと持続的に守ることができるように連合することはあったが、商人同盟が「ドイツ・ハンザ」という大都市同盟に変わったのは十三世紀以降になってからのことである。ハインリヒ獅子公の失脚後、帝国直属自由都市に格上げされたリューベックが主導権を握った。この町は、バルト海に近いと同時に、バルト海と北海を結ぶ便利な細い陸路に沿っていたから、商業にはたいそう有利な位置を占めていたことになる。北海・バルト海域の地図を一瞥すれば、リューベックの商人にとってどんなにすばらしい経済的な可能性が四方八方へ同じように開けていたかがはっきりわかる。こういう恵まれた地理的条件を十分に利用し、たくみな組織づくりによって、この地域での商業に関心を持つ他の都市との結びつきを強化しさえすればよかったのだ。

これがまた、南ドイツの都市同盟との大きな違いでもあった。南ドイツでは、すでに述べたとおり政治的な目標が主で、経済的な利益はせいぜい添え物にすぎなかったのに反し、北ドイツの都市同盟の中心は商業、つまり商業の拡張と保護であって、政治的な結果はそこからしだいに生じてきたものなのだった。

さまざまの商人同盟が下ごしらえをしてくれていたおかげで、ハンザ同盟が商業を始めたときには広い活動領域が開けていた。ハンザの居留地の網は、西はイギリスからフランドルを横断して北ドイツを貫き、デンマークを経てノルウェーまで広がり、東はバルト海沿岸の、ようやく開発されたばかりの開拓地を通って遠くロシアにまで届いた。そればかりか、ハンザ同盟の船舶は十五世紀にはフランス、スペイン、ポルトガルの海岸沿いと、地中海を航行したのである。

ハンザの商人は特に重要な都市には独自の基地、集積所を設け、その地の支配者から大幅の自由を与えられることもあったので、おおいに土地の商人の不興を買った。彼らは外国人の優遇が自分たちの経済的利益に不利に働くと考えたのだ。ロンドンにあったそういう営業所が「シュタールホーフ」であり、ノルウェーのベルゲンにあったのが「ドイツの橋《ドイッチェ・ブリュッケ》」であった。ブリュージュとイリメニ湖畔のノヴゴロドにも同じく重要な居留地があった。ノヴゴロドのものはもっとも古い在外商館である。

この四つの営業所の所在地に、取引の中心がなんであったかがよく表われている。ロシアからは、アーミン、熊、ビーバー、貂《てん》、かわうそ、黒貂など、ありとあらゆる種類の毛皮、それに、中部ヨーロッパで蜂蜜酒を作るのに必要とされる蜂蜜、蠟など、そのほかにまた、獣皮、ピッチやタールなどの林産物がもたらされた。プロイセンとリトアニアは穀物と木材を、スウェーデンはバター、チーズ、それに鉄鉱、銅鉱をも供給した。

ノルウェーはとりわけ、魚獲とその加工の中心地域であった。鱈《たら》は「ベルゲンの魚」と呼ばれ、干し鱈、ないしは棒鱈として乾燥台や岩礁の上で干されてから輸送された。バルト海の鰊の魚獲期には、何千という商人がスコーネ地方に出かけ、そこの現場で厖大な量の鰊が加工され、塩漬けされ、輸送できるよう樽に入れられた。四旬節には肉を断つ、という教会のおきてがきびしく守られた時代には、この魚取引きに重要な意味があった。

これに比べると、西方のイギリスは輸出品目のゆえに――ハンザ商人は羊毛と布地だけを買った――それほど重要ではなく、むしろ東欧からの品物を売りさばく市場としての意味を持っていた。中間商業はここでは特に有利な商売であることが実証された。それに反してフランドルは、重要な輸出品として布地を供給し、それは良質のために高く評価され、ハンザ同盟の手でバルト海域で売られた。

こういう主要商品に、オリエントあるいは南ヨーロッパの国々からブリュージュの市場を通じて買い込まれたぜいたく品と、あらゆる種類の香辛料が加わった。ドイツはスペイン、フランス、イタリアのワインを輸入して、ライン・ワインをとりわけイギリスに売った。しかし、西方の港からバルト海へもどるのに、高価な品やぜいたく品だけでは船腹を満たすことができなかったので、経済的にも利用できるバラストが捜し求められた。利口な商人たちは、フランス西海岸のブルアージュでとれる海塩がそれに適していることを発見した。春になるといくつもの商船隊がフランドルの港を出てフランスに向かい、塩を積んで、四月か五月にはバルト海岸の港へもどり、冬にならないうちにバルト海沿岸地域の穀物を積み込んでフランドルへ帰港するのであった。

の木版画は，中世都市の壮麗な像をうかがわせる．城の下に防備堅固な環状
の上方に多数の教会の塔がそびえているが，なかでも聖ロレンツ教会と聖セ
ドイツ最古の製紙工場が見える．

シェーデルの『世界年代記』にのせられた，ニュルンベルク市の景観を描
囲壁がめぐらされ，その内側に市民の家がぎっしり立ち並んでいる．さら
バルドゥス教会がきわだっている．前景に死刑囚裁判所の刑場があり，右

こういう大規模な商売をやっていくには、すぐれた組織力がなくてはかなわなかった。西部および南部ドイツの都市同盟に比べて、ハンザ同盟に所属する都市の数ははるかに多かった。その盛期には百七十もの都市が数えられたが、正確な数はわかっていない。奇妙なことに、同盟はその所属都市を一度も記録していないからである。バルト海、北海沿岸の都市が主で、それに内陸の都市が加わった。ハンザ同盟の影響力と同盟所属都市の境界は、南はだいたい、アンデルナーハ、ゲッティンゲン、ハレ、ブレスラウ、クラカウの線上を走っている。

同盟の本拠はリューベックにおかれたが、それは正式の決議によるのではなく、もっぱら、経済的利益に関するこの町の声望と優位のしからしむるところであった。商人の問題に鋭い勘を持つといわれ、そのためときには軽蔑的に「王位にある商人」などと呼ばれた皇帝カール四世は、リューベックを訪問したとき、市参事会員に「貴族のかたがた」といって挨拶した。参事会員たちがへりくだってその呼びかけを辞退すると、皇帝は「いや、あなたがたは貴族なのだ」と、自分の挨拶の裏づけをした。

それはそのとおりで、彼らは実際に貴族であった。「王の商人」という言葉が南ドイツでも使われていたことをわれわれはすでに知っているが、この呼び名はここでも同じように――より、ぴったりしているとまではいわないが――あてはまる。連合の理由は最初は経済的な性質のものだったろうし、ちょうど外国で持ちあがっていた諸種の法律事件を共同で、したがって持続的に解決しようという気持ちがそれに加わったのではあるけれども、とりわけ多数の嫉視者や敵に圧力をかけられては、長きにわたって政治的活動を排除することはできなくなった。

ハンザ同盟に所属する諸都市は、明確な組織を作ってはいなかったが、それでも時とともに一種の秩序が自然に固まってきた。一四一八年になってはじめて、リューベックが正式に同盟の統率を委託された。しかし、指令や規定よりは、指導的な都市に自然に備わった権威のほうが、他の都市に対して力を発揮した。さまざまの利害や世界観が鋭く対立し、諸党派が相争い、党派の内部でも対立グループが抗争しているような現代から考えれば、これはまことに驚嘆すべきことである。むろん争いはあり、ハンザ同盟の根本原則「諸都市の服従こそハンザ同盟の基礎である」が常に守られたわけではないが、基本線は驚くほどしっかりと保持されつづけた。政治家にせよ団体の幹部にせよ、次から次へ会議が重なり、期日に追いまくられている今日から見れば、ハンザ同盟ではどんなに数少ない会議ですんだかにただただ驚くほかはない。諸都市の代表は、同盟の問題を論議するためにリューベックへ招集された。最初の会議は一三六三年に開かれ、一四〇〇年までにあと二十三回、それから一四四〇年までに十二回、一四八〇年までにあとわずか七回開かれたにすぎない。そのほかにもちろん、早急に決定を下すことができるよう、数都市による小集会が催されることもあった。当時の交通状況からすれば、どうしても地域的に重点となる都市が生まれざるを得なかった。リヴォニアではリガ、ドルパット、レヴァル、プロイセンではトルンと特にダンチヒ、ニーダーザクセンとアルトマルクトではブラウンシュヴァイクとマクデブルク、ポンメルンではシュトラールズントとコルベルク、ヴェストファーレンではミュンスターが、ラインラントではケルンが、しだいにそういう中心地になっていったのである。

一三五八年にハンザ同盟に復帰したブレーメンはつぎのような宣言を行なっているが、ハンザ同盟の結束の堅さを語るものであろう――


われわれ、ブレーメンの市参事会および市は、海港都市とその他の都市の尊敬すべき市参事会員および神聖ローマ帝国のハンザ商人同盟に対して深甚なる謝意を表するものである。しばらくのあいだ特権を受けずにきたわれわれをこころよく受け入れ、ハンザ商人の自由と特権に再びあずからせてくださったがゆえである。いまからのち、このことを聞き、あるいは見る人のすべてに、われわれは公に次のように告示する。

われわれは、われわれの側から、そしてわれわれの名において、リューベック市で、尊敬すべき人々が……ハンザ商人の名においてリューベックに集まったリューベックその他の都市の尊敬すべき賢明なる市参事会員方と行なった以下の協定と決定をすべて、堅く、そこなうことなく、守ろうとするものである。

第一に、リューベック、ヴィスマル、ロストック、シュトラールズント、グライフスヴァルト各都市の市参事会員方に、上述のすべての商人の安寧と利益を守るためズントの防衛と保護に任ずるよう、いつ、また何度求められても、その都度われわれは、みずからの費用と責任においてズントに良い船を派遣し、その船に良い武器を持つ五十名の人員を乗せなければならないし、また、そうすることを欲する。この水路の防衛にあたって、神がわれわれ、およびわれわれの助力者に、海賊その他の盗賊に対する勝利をお恵みくださるならば、われわれはそれによって獲得した利益を関与した人々の数に応じて配分しなければならないし、また、そうすることを欲する。第二に、ハンブルクの市参事会員方にエルベ河の防衛をいつ、また何度求められても、われわれは、われわれの費用と責任において、百名の人員を乗せた船をエルベ河に派遣しなければならないし、また、そうすることを欲する……もっと多くの人員を送らなければならないようなことがあれば、われわれは異議なくそれを実行することを欲する。

同様にわれわれは、一般商業界の名においてなされたすべての協定と決定を進んで守ることを欲する。われわれの市民の一人が船および財物をもって厚顔にも……一般商業界の禁令にそむいて商業航海を企て、あるいは禁じられている都市を訪れるようなことがあれば、彼は財産と生命を失わねばならず、捕えられた都市で所持していた財物の三分の二は上述の商業界に、三分の一はその逮捕された都市の市参事会員方の所有に帰する。しかしそのほかになお彼の有する……財産は、もっとも近い相続人のものとして保管される。

南ドイツの都市同盟は、しばしば商人の隊商を襲う勝手気ままな騎士の乱暴を防がなければならなかったが、ハンザ同盟は北海、バルト海の自由を確保することに努めた。戦闘や戦争も起こったが、――このことははっきりと強調しておかなければならない――それはハンザ同盟にとって、交渉がどうにもならなくなった場合の非常手段であった。同盟は海賊、とりわけ十四、五世紀に北海を荒らしたヴィタリアーナ海賊に対して、全精力を費やして戦うことに努めた。それは実際にどうしても必要な措置であった。海賊は強力で、三年間にわたってスコーネへの航海をすっかり取り止めにしなければならなかったこともあったほどだったのだ。しかし、内陸都市の市民はそれでも鰊にありついた。怒ったハンザ都市が断固たる処置を取ったからである。シュトラールズント市の船隊だけでも百人の海賊を捕えて、全員の首をはねた。それから海賊は主として北海へ活動領域を移したが、一四〇〇年にリューベック＝ハンブルク連合船隊に撃破された。ほんの少数が悪名高いクラウス・シュテルテベーカーの指揮下にようやく壊滅を免れたものの、一年後には、彼らも仲間と同じ運命をたどった。討伐隊の指揮をしたのはハンブルクの市参事会員ニコラウス・ショッケであって、伝説にしばしば語られるように、「まだら牛」に乗ったのちの市長ジモン・フォン・ウトレヒトではない。

ハンザ同盟にとって海賊は小魚にすぎず、同盟が巻き込まれた政争のほうが大ごとであった。南ドイツの都市はドイツの王ともめごとを起こし、北方の都市はやむを得ない場合には外国の王たちにも逆らって権利を獲得した。できることなら武力は避けた。しかしノルウェーのエーリク王が一二八四年、ハンザ同盟から、すでに与えてあった自由を取りあげたとき、諸都市は海峡を封鎖して、バルト海域からノルウェーへの穀物供給の道を断ち切った。麦芽とビールの輸送も差し止められた。その結果ノルウェーは飢餓状態に陥り、王はやむなく古い権利を新たに保証しなければならなかった。

フランドルに対する同様の行動も、同じような効果をあげた。布地の輸出を自分の手でやろうとして、ブリュージュがドイツの商人を追い出そうとすると、ハンザ同盟は穀物封鎖を行なってたちまち屈服させた。

十四世紀中葉に起こったデンマークおよびデンマーク王ヴァルデマール四世アッテルダグとの確執は、そう簡単には片づかなかった。最初のうちは、諸都市と王のあいだはまことにうまくいっているように見えた。ヴァルデマールはハンザ同盟の援助で王位についた人物だったからである。しかし権力に飢《かつ》えたデンマーク王は、バルト海全体に支配権を広げることができると思い込んで一三六〇年にスコーネ地方を占領した。これはハンザ同盟にとっては一つの警鐘であった。ついで一三六一年、王はバルト海東部の富裕な主要積替地ヴィスビを襲った。ここは当時スウェーデン王に属していたが、実際はハンザ都市であった。それで、戦争になった。ハンザ同盟はスウェーデン王、ノルウェー王と結んで、四十八隻の船を仕立て、八千名の武装部隊を編成したが、リューベックの市長ヴィッテンボルクの率いる同盟軍は手痛い敗北を喫した。リューベックの市場で、ヴィッテンボルクの首が飛んだ。こうなってはハンザ都市は黙っていられなかった。しばらく偽りの平和をつづけたのち、ハンザ同盟はオランダおよびゼーラントの諸都市と、一三六七年にケルン同盟を結んだ。

七十七の都市がデンマーク王に絶縁状を突きつけた。コペンハーゲンが占領され、ヘルシングボルグが落ちて、ついにヴァルデマールは一三七〇年に講和を結ばなければならなくなった。

ハンザ同盟がシュトラールズントで結ばせた講和は、いかにも政治家らしい抜け目なさに支えられるとともに、商人としての熟慮に導かれた巧妙なものであった。北方における平安と秩序の確立と、販売市場と通商路の確保が規定されたのである。デンマークは十五年間、海峡沿いの諸城をハンザ同盟の手にゆだねなければならなかったが、同盟はおうような態度を示して、それをデンマークの総督に預けた。しかし、本質的で決定的な箇条が一つあった。デンマークの王国参議会は、ハンザ都市の同意を得なければヴァルデマールの後継者を選出することが許されなかったのである。

これがハンザ同盟の権力の絶頂であった。多数の都市が同盟に加入したいと頼んでくるようになったため、同盟側としては相手によって申し込みを断わることができた。ハンザ同盟の帆船、有名なコッゲは北海とバルト海を支配した。ハンザ同盟の取引きの規模を正確な数字で表わすことには多少の困難が伴うが、専門家の推定では、フランドルとリヴォニアのあいだを、総トン数がほぼ六万ないし八万トンにのぼる約千隻のハンザ同盟の船が航行していたという。取引きされる商品の量はその三倍ほどであったろう。この数字を今日の状況と比べてあまりにわずかに思えるようなら、中世諸都市の人口および内陸商業に関する報告と比較してみるがよい。そうすれば、この事業の大きさと意義がいくらかは察せられよう。

豪商たちはそれでかなりの利ざやを稼いだ。船乗りの一航海あたりの利益がその船の価値に相応するのは例外だったかもしれないが、それでも、さまざまのリスクを計算に入れて、利益はしばしば四十パーセントないし六十パーセント、平均して約三十パーセントだったと考えてよいだろう。

都市に流入した富は、公共の、そして個人の豪華な建物という形になって外に現われた。北ドイツとバルト海沿岸地域にある市庁舎、教会、防衛設備は今日なお、ハンザ同盟の権力をまざまざと想起させる。

この権力は二百年以上も保《も》ったが、十五世紀にはもう崩れはじめた。個々の都市で手工業者が商人と都市貴族による貴族的な支配に戦いを挑み、それが同盟の全体に影響を及ぼして、それ自体すでにゆるんでいた結合を、なおさらがたがたにしてしまったのである。それに加えて、とりわけオランダ船、のちにはまたイギリス船というやっかいな競争相手が出現した。一四八七年には、手はじめにノヴゴロドの商館を放棄しなければならなくなった。ここではツァーリが、百年後にはイギリスの女王エリザベス一世が、同盟の特権を取り消した。三十年戦争が、ハンザ同盟の権力の決定的崩壊をもたらした。一六六九年に、リューベックで最後の会議が開かれたが、出席したのはわずかに六つの都市にすぎなかった。中世史の偉大な一章は閉じられたのである。

ただ一つのほんとうの大都市――ヨーロッパの諸都市について

ドイツにおける都市の興隆はかなり漸進的であった。十世紀と十一世紀に、ためらいながらその萌芽が現われ、十二世紀にぐんと伸長し、それから十三世紀に花盛りになったのである。都市と市民が、王や皇帝にとっても計算に入れなければならない権力の因子となったことは見まごうべくもない。

しかしドイツだけではなく、ほかのヨーロッパ諸国にも同じような発展が見られる。その速度はときとして、ドイツよりも速かった。第二次大戦中の爆撃で多くの貴重な建物が廃墟と化して、ドイツには中世都市文化の痕跡がほとんど見られなくなった。だがイタリアを旅行して、ふつうの観光道路からはずれた道を通れば、古い都市形態の特徴的な例証にぶつかることがドイツの場合よりもはるかに多い。高い丘の上に塁壁をめぐらした小さな町があったり、下の平地にはとうに古い環状囲壁をはね飛ばした大都市があったりするのである。フィレンツェが後者の見本であれば、門閥家の塔が何本も建っているサン・ジミニャーノは前者の見本といえる。

フランスでは、シャルトル、ルーアン、あるいはル・マンの大聖堂が、市民の敬虔と勤勉とを思い起こさせる。無比のシルエットを持つカルカソンヌあるいはエグ＝モルトのような都市では、時間が停止したように思え、市壁の上をパトロールする武装した市の番人がいつなんどき見えないでもないという気がしてくる。

またイギリスでは、学生や聖職者の足跡をたどって歩き、オクスフォードやケンブリッジではゴシックの大学に身をおいたような感じを抱く。

それからフランドルは商人の都市のあるところ。たとえばヘントとかブリュージュで、夜、掘割りを渡り、古い商館や倉庫、あるいは「敬虔な婦人の家《ベギーネンホーフ》」（拘束的な誓いを立てずに敬虔な女性たちが集まって修道院のような共同生活を送った家。十三、十四世紀にオランダ、フランス、ドイツに多く造られた）の前を通り過ぎるとき、月光がすべてを魔法にかけられたもののように美しく照らし出す。そして昼間は大市場に立って、堂々たる望楼のそびえる市庁舎の美しさをうやうやしく嘆称する。

そして最後にプラハ。ここにはドイツとスラヴの文化要素が混在し、石の一つ一つが口を開いて物語をはじめそうである。小路に、ゴシックのユダヤ人教会堂に、ユダヤ人墓地に、古いユダヤ人町の持つ重苦しさ、無気味さがまだ生きている。その墓地は、有名なラビのレーヴが伝説的なゴーレムをよみがえらせたところである。

イタリアの都市を例にとれば、ヨーロッパの都市の歴史はわれわれにもっとも印象深く、もっともはっきりした形でわかる。イタリアの都市の発展は、常にドイツの都市のそれより何歩も先んじていた。ドイツおよびドイツの王たちとのその結びつきは密接で、しばしば運命的であり、ドイツ自体の都市よりも王たちをはるかに悩ませた。九五八年にはすでに、ジェノヴァの「忠義な男たちと住民」には皇帝から特権を認められている。他の都市もそれにならったが、発展は北部および中部イタリアに

に描かれた木版画のこの部分図を見れば，マルコ教会と総督の館がある，
が埠頭をにぎわしている．そのほか，15 世紀イタリアの住宅の煙突が特に

のみとどまった。南イタリアでは強力なノルマン的国家機構が、十一世紀の中葉以降、都市の繁栄を妨げたのである。地図を一目見ただけで、約八十のもっとも重要なイタリアの都市が主としてポー平野とトスカーナ地方に集まっていることがはっきりとわかる。しかし初期の大都市は、内部で独自の政治的秩序を固めないうちに、外部に対して誇らかに独立への志向をはっきりと示し、それが、北部および中部イタリアを支配するドイツの王たちを大いに悩ますことになる。たとえばパーヴィアの住民は一〇二六年に国王ハイ

ヴェネチアは，地中海域のもっとも重要な商業都市の１つであった．148
きわめて現実に近い市の中心部がはっきりとわかる．帆船，ゴンドラ，
目につく．

ンリヒ二世が死んだという知らせを受けると、古い宮城を襲撃して徹底的に破壊した。新しいドイツ王コンラート二世は、一〇二六年から二七年にかけてこの町を包囲して占領し、それと同時にまた、ラヴェンナの住民の反乱を鎮圧しなければならなかった。こういう反乱は散発的なものにはとどまらなかった。

　都市共同体の生成と成長との前提は、イタリアの場合、ドイツとはいささか違っていた。都市は近隣の貴族に対して、自己の権利を断固主張しなければならなかったが、貴族はやがて都市共同体の運命に活発な関心を

抱くようになった。それればかりか、彼らは富裕な市民といっしょに指導的な地位を占めさえした。都市の好戦精神の多くは彼らに負うている。これが、イタリアの都市とドイツの都市との根本的な相違点である。ドイツにおいても、ツンフトと都市貴族との内部抗争、都市の支配権をめぐる激しい闘争があったことはわれわれも知っているが、しかしそういう対決はイタリアの都市におけるような規模に達したためしはついにない。イタリアでは貴族の家柄がお互いに争ったのである。その争いを目に見える形で残しているのが、ボローニャ、それにとりわけサン・ジミニャーノの塔である。フィレンツェとシエーナのあいだにあり、ドイツ人の客をねらう二、三の観光業者に「イタリアのローテンブルク」と称されるこの小さな町を今日訪れる人は、家並みのなかからそびえ立つ巨大な塔に驚きの目を見張るであろう。いまでも十三残っているが、中世には七十二もあったといわれる。名望ある家柄の人々が居住用兼防戦用の塔として建てたもので、敵である隣人に負けまいとして、その高さを競い合っている。

家族間の争いに、激しい党派の闘争が加わった。その第一は、ギベリーニ派すなわちドイツ皇帝派と、グェルフィ派すなわち教皇派との争いである。これらの党派の名はドイツの歴史に由来する。ギベリーニは、シュヴァーベンにあるホーエンシュタウフェン家の本拠地ヴァイプリンゲンから、グェルフィは、ハインリヒ獅子公の家系であるヴェルフ家からきている。なかでもフィレンツェにおける争いがもっとも目立って尖鋭化した。この事件はダンテの『神曲』によって不朽のものとなっている。イタリア最大の詩人ダンテ・アリギエーリは、その精神的素質からいって自明のことだが、故郷の町フィレンツェで政治的に活動した。彼の党派が政争に敗れて、ダンテは一三〇二年、フィレンツェから追放され、二度と再び故郷の土を踏むことは許されなかった。彼は『神曲』のなかでその時代の宗教的、政治的な潮流を冴えた筆致で描き出しているが、そこには繰り返し、故郷の町に対する愛憎の炎が燃えあがっている。しかし戦いは都市共同体の内部だけではおさまらず、都市同士の戦争にまで発展した。ドイツの場合と同じように、中部および北部イタリアにもいくつかの都市同盟が生まれた。ロンバルディアの諸都市は中世のあいだに三度連合し、トスカーナの諸都市もその例にならった。歴代の神聖ローマ皇帝は、このロンバルディアの諸都市の力をいやというほど感じさせられた。もっともはなはだしかったのがおそらくフリードリヒ・バルバロッサで、彼は何度も都市の持つ優勢な政治力をそごうとした。一一六二年、彼はミラノを包囲し、占領して破壊した。市民は廃墟を捨てて、周辺の四か村に移らなければならなかった。ミラノのライバルであるコモ、パヴィーア、クレモーナ、ローディ、ノヴァーラなどの市民は、もっとも熱心に破壊作業に参加したという。これほど完全に破壊することができたというのももちろん、当時ミラノの町の大部分が木造建築だったからである。しかし同じ理由で、早くも一一六八年には復興され、破壊後わずか十四年の一一七六年には、ミラノは再び反フリードリヒ闘争で指導的役割を果たした。そして皇帝は、レーニャノ付近でロンバルディア諸都市の軍に壊滅的な敗北を喫したのである。

そのときはじめて、ドイツの騎士は戦場で「カロッチョ」というミラノ軍の旗車に遭遇した。旗と市の守護聖人の像とをかかげた奇妙な車である。市の精鋭部隊が、あらゆる攻撃に耐えてそれを守りぬいた。しかし一二三七年、コルテヌオーヴァ付近の戦いではミラノ軍は敗れ、カロッチョを皇帝フリードリヒ二世に奪われた。皇帝は市長を車に縛りつけさせ、車を戦利品としてクレモーナへ送った。

こういうふうに内的、外的な争いが絶えなかったのに、都市がなお商工業を営むのに十分な時間を見つけて、驚くほどのスピードで繁栄に向かったことにはただただ感嘆するほかはない。人口だけでも驚くべきものである。十三世紀末には、北部および中部イタリアには人口二万以上の都市が二十三あった。フィレンツェは約八万、パドヴァは三万五千、ヴェネチアとミラノは十四世紀にほぼ十万に達した。ただ、われわれが気持ちのうえで最大の都市のひとつに数えたくなる町、ローマの状況ははなはだ芳しくなかった。聖なる都は衰微の一時期を過ごしたのち、十四世紀のはじめにはわずか人口一万七千を数えるばかりで、かつての栄光の悲しい影にすぎなかったという。

一方ミラノについては、ある年代記作者の祖国愛のおかげで、細かいところはいささか誇張したと思われる数字がわれわれの手に残されている。それによれば、一二八七年、ミラノには約三千の水車場、千の酒場、千三百四十五の教会、百五十の病院があった。公証人は四百人、裁判官が二百人で、医者は二百人、教師が八十人おり、修道院には一万人の修道士、修道女が暮らしていたという。ほぼ同じころフィレンツェではすでに八千人から一万人の子供たちが学校で基礎教育を受けていたという別の年代記作者の指摘は、これに劣らず印象的である。

経済が栄えなければ、こういう隆盛ぶりはとうてい考えられない。北イタリアの諸都市は遠隔地商業に指導的な役割を演じ、ドイツの商人に対して仲介者の位置を占めた。このことは、ヴェネチア、

15 世紀フィレンツェの市場風景．この木版画には，品物の宣伝をしながら糸を紡いでいる農婦たちの姿が見える．右手の魚屋は，今日なおイタリアの市場で見かける天秤を使っている．

ジェノヴァ、あるいはピサのように十世紀以来すでに航海に専心し、通商関係をとりわけ東地中海と近東に集中した強大な海港都市についてのみいえることではない。パーヴィア、ミラノ、クレモーナ、ピアチェンツァなど、はっきりした内陸都市も、まず第一に遠くイギリスにまで遠隔地商業の手を広げ、そのため香辛料、布地、スパイスなど海港都市の扱う典型的な産物に、毛織物その他の織物、錫、刀剣、馬、それに奴隷までが加わった。フィレンツェ、ヴェネチア、ローマには十三世紀に入ってまで奴隷市場があった。この「商品」は黒海沿岸、北アフリカあるいはオリエントから運ばれた。キリスト教徒の家庭に奴隷がいるのはあたりまえのこととされていた。

取引きにはさらに、銀行業者の金融業、両替業が加わった。なかでもフィレンツェのメディチ家は十四世紀にもう、たいへんな声望と富を得た。こういう活発な経済活動も、手工業者が加わらなければ考えられなかっただろう。ピサには一二二八年にすでに百二十五人の鍛冶屋、百十二人の靴屋、八十五人のなめし屋、六十四人の毛皮屋がいた。ドイツの場合と同じように、これらの手工業者は至るところで寄り集まってギルドを作った。ギルドはランクに従って細かく区別され、それによって市の統治へのかかわりかたも異なっていた。フィレンツェでは豪商、商人、両替業者、医者、裁判官と並んで亜麻布職人だけが唯一の手工業者グループとして「プリモ・ポプロ」、すなわち市の指導層に属した。他の手工業者は庶民に数えられたのである。

市の行政は独特の評議会、すなわち、いわゆる「コンソーレたち」にゆだねられた。はじめは三人か四人だったのがのちに十人か二十人にふえた。さまざまの住民層から選ばれた人たちである。その後、コンソーレたちにかわって、「ポデスタ」という一人だけの都市長官がすわった。一種の市長である。六か月ごとに交替するこの職は、たしかに人々の望むものではあったが、市民が衝動的で、内的な争いが絶えなかったことを考えると、危険でないことはなかった。たとえば一一九五年、ボローニャのポデスタは政敵のために歯を一本一本全部抜かれたが、それでももっとひどいことにならずにすんだのを喜ばなければならなかった。殺されたり処刑されたりする場合もあったからである。

権力の伸長と富とは、都市の外貌にも影響を及ぼさずにはいなかった。ドイツでは今日なお、誇り高い市民精神の証左にあちこちでぶつかるが、北イタリアの都市では、どんな小都市においても、それはいっそう顕著である。

ここで商人と手工業者によって肥沃な地盤が用意され、その上に芸術と学術が花開き、ルネサンスにおいて全ヨーロッパにその光が輝きわたったのである。

スペインの都市の生成はこれとはまったく違い、はるかに控えめであった。ムーア人と戦った数百年のあいだに、はるかにきびしい条件のもとで成長し、繁栄しなければならなかったからである。一方では戦争に次ぐ戦争、他方では強力な中央権力の欠如が、都市の発展を規定した。古代ローマの勢力圏内ではどこでもそうだが、ここでも都市はローマの集落から成長し、それから、民族大移動の嵐のなかでゲルマン諸種族に保護と安全を提供した。アラブ人の侵入以後、ムーア人に屈服しなかった都市は大幅に自分自身に頼ることになった。これでは商工業の手を広げることなど問題にはならない。生き延びることだけがたいせつだったのだ。そのため十分に防備を固め、市民は国王たちが影響力を行使せずとも、自分たちの力で都市の行政を行なった。スペイン諸王国の支配者たちは影響力を行使するどころか、市民を勝手気ままでしばしば反抗する貴族の対抗勢力とするために、市民の自立運動を支持さえしたのである。

こういう状況であってみれば、まずレオン王国が国の問題に都市が口出しをする権利を認めたこともあやしむに足りない。一種の議会ともいうべきコルテスに、聖職者、貴族とともに市民も代表を送った。このコルテスは立法よりはむしろ審議の機能を持っていたとはいえ、ヨーロッパのほかの国の都市と、声望でも大きさでも富でもほとんど競争できないスペインの都市が、もっとも注目すべき政治的な権利を獲得したことは特徴的である。

とはいえ、都市に敵対する国王たちもいるにはいた。それで、自分たちの権利を有効に守ることができるように、とりわけカスティーリャの諸都市は連合していわゆる「エルマンダデス」を作った。これは「兄弟団」という意味からあるいは推測されるように宗教的な目的を追求するものではなく、かなりパンチ力のある部隊で、多方面に投入された。その仕事は、都市の権利を王から守るばかりではなく、とりわけ、道路上の物騒な状況に対処すること、それに、思いあがった貴族を抑え込むことであった。やがてエルマンダデスは、恐れられる組織に成長した。一四七六年にアラゴン王国のフェルナンドとカスティーリャ王国のイサベルがさまざまのエルマンダデスを「サンタ・エルマンダ」に統合し、これがムーア人をスペインから駆逐するのに重要な役割を担った。十六世紀以降ようやく、スペインの都市の全盛期がはじまり、とりわけ港湾都市はアメリカ貿易によって、経済的に重要な意義を持っていたイタリアの海港都市に取って替わった。

フランスの都市は二つの大きなグループに分類される。ロワール川の南では、イタリアの模範とイタリアの影響とを見過ごすべくもない。商業が栄え、都市の統治にあたったのは、さきに述べたイタリアのコンソーレ制度に似たものである。ドイツのツンフトについて述べたことは、そのままフランスのツンフト――メティエ――にもいえる。しかし、南フランスの都市が政治的自由を求めて戦うその戦いぶりは、ドイツの都市よりももっと激しいくらいだった。激しい反乱の火の手があがった。十三世紀には、マルセーユ、ナルボンヌ、モンペリエなどいくつかの都市、とりわけアルビが、オリエントから南フランスへ渡ってきたある分派運動の生殖細胞と化した。カタリ派（ギリシア語で「清浄派」）と自称するこの異端者たちは、私有財産、教会の秩序、教階制度を非難し、いっさいの権力行使を拒否した。

彼らが公然と教会に刃向かうと、教皇は彼らに対する十字軍遠征を呼びかけた。流血の戦いを交えたあげく、彼らは殲滅され、根絶やしにされた。このアルビ派戦争（宗派の本拠地アルビの名をとった）には他の都市も影響を受けずにはすまず、しだいに独立を失ってフランス王の主権に服従するようになった。

フランスの北部には約二百の都市があったが、たいていはドイツのと同じように小さな協同体であった。人口が一万を越える都市は十いくつしかなかった。そのうちのあるものは高い金を払って特権を買い取り、あるものは南部の都市と同様、市に君臨する司教と男爵に反乱を起こした。しかし、市民の協同体意識と犠牲精神は南部よりも強く、その表われはランス、アミアン、シャルトルその他の都市の壮麗な大聖堂に見られる。

フランスの都市のなかで特殊な位置を占めたのがパリで、この町は中世唯一の真の大都市といってよい。その人口は一二〇〇年ごろにすでに十五万に達した。同じころ、わずか数十年まえに設立されたばかりの大学は、すでに二万の学生を数えた。パリはヨーロッパの他のすべての都市にさきがけて、精神的、政治的な中心地となったのである。

それに比べればロンドンはいかにも田舎町であった。そのころのロンドンは、人口こそ四万もあったが、市の全体像からいうと、イタリアの都市やドイツ、フランスのいくつかの都市よりもはるかに立ち遅れていた。家の大部分はまだ木造で、そのあいだにウェストミンスター寺院や、要塞兼監獄として使われたロンドン塔など、堂々たる石造建築がいくつか散らばっているだけだった。清潔さという点でも、ヨーロッパの多くの小都市と比べて大差はなかった。市民が牛、豚、鶏を飼っていたのである。しかしそれだからといって、市民が自分の町を誇りに思う妨げにはならなかった。それゆえに同時代のある年代記作者は、ロンドン市民はすべての人間のうちでもっとも気位が高く、思いあがった、貪欲な人々であると記している。

　なににせよロンドンは、イギリスで二番目の都市の優に四倍はあったのだ。二番目というのはヨークだったろうと思われる。他の大部分の都市の人口はせいぜい千から六千どまりで、もっと少ない場合もしばしばあった。

　土着のイギリス商人が遠隔地商業で特に重要な役割を演じなかったことは注目をひく。遠隔地商業はたいていイタリア人の手に握られていたのである。それとならんで、ユダヤ人も重要な経済的地位を獲得した。そうなると、来るべきものがきた。ドイツの例でわれわれが知るように、富と権力がユダヤ人に憎悪と絶滅をもたらしたのである。イギリスでも国王がユダヤ人の臣民に必要な保護を与えようと努めはしたが、民衆の嫉妬と悪意が、何度もユダヤ人迫害《ポグロム》となって爆発した。そればかりか、一二八七年には国王エドワード一世がすべてのユダヤ人を捕え、二千ポンドの身代金を払わせてから釈放した。しかしその三年後には、彼らをイギリスから追放してしまったのである。

　海峡を隔てた隣国フランドルでは、ブリュージュ、ヘントあるいはイーペルのような二、三の共同体が、人口の多い有力な都市に成長していた。これらの都市はイタリアの都市と同じように王侯の重要な政策に干渉して成功を収めた。市民の仕事熱心で町が大きくなり、織物工業が富をもたらし、その富は威容を誇る建物の形で表現された。しかし興味深いことに、ここでは、われわれにはドイツの都市でおなじみになっている実証ずみのツンフト制度が、なんの拘束もなくまかり通っていたわけではない。

フランドルではすでに十三世紀末には貧乏人と金持ち、企業家と労働者の対立が目に見えてはっきりしてきた。富裕な商人は企業家として、労働者に道具と原料を渡し、もうツンフトに属していない労働者は、出来高賃銀をもらって布を織った。しかしこの賃金はしばしば現物で支払われたので、労働者はますます、金持ちの主人に従属するようになった。企業家のほうも、運送貨物の紛失、市場価格の変動、不断の騒乱などのリスクを負担しなければならなかった。もっとも、騒乱には彼ら自身責任があった。フランドルの都市における争いは、イタリアの都市におけるさまざまの権力グループ、利益代表グループの争いとよく似ているが、ただ違うのは、対立が政治的なものというよりはむしろ社会的なものであることだった。都市貴族は織工のツンフトと権力争いをした。小手工業者は大手工業者に反抗し、しばしばきわめてみじめな暮らしをしなければならなかった下層民が、農民層と結んで、企業家、貴族、それに搾取者の同類と見られた聖職者に対して反乱を起こした。

精力的な民衆指導者にとっては、時機も地盤も熟していた。ヘントの市民はフランドルのルイ伯に反乱を起こしたのち、一三三七年に、富裕な織物業者の家に生まれたヤーコプ・ヴァン・アルテヴェルデを頭目に選んだ。ブリュージュとイーペルが、彼とその支持者との仲間に加わった。理想を追う努力がいかに速く専横に変質するかを知るために、一四〇〇年ごろの年代記作者フロワサールの報告から少しばかり引用しよう——

全フランドルを通じて、すべてが彼の言葉と意志通りに行なわれ、あえて彼の命令に逆らう者も、彼に反対する者もいなかった。アルテヴェルデが町の街路を歩くときには、いつも六十人ないし八十人の武装した男たちがその回りを囲み、そのなかにはひそかに彼の意志を伝えられた者が二人か三人まじっていた。彼に憎まれたり疑われたりしていた人間に出会うと、彼がちょっと合図するだけでたちまちその人は殺された。あらかじめ護衛の男とそういう打ち合わせができていたのである。こういうことはしばしば起こり、高貴な人が何人もこういうやりかたで殺された。そのために彼はひどく恐れられ、あえて彼に反対する者は一人もいなかった。路上で彼のお供をし、彼が外出しないときには彼の家の前にたむろしている男たちは、毎週給料をもらった。同じように彼は、どこの都市ででも手先やスパイを雇って自分の意志を通し、だれかそれに逆らって書いたり言ったりする者がいないかを探った。そういう人が見つかると、追放されるか殺されるかして、その運命を免れる者は一人もいなかった。
こうして彼は、伯爵の味方と見れば、騎士、小姓、市民の別なく、どんなに権力と金のある人でも追放して、その財産の半分を没収し、半分は彼らの家族に残した。要するに、これほど絶対的な支配権を振るった公爵、伯爵、あるいは諸侯はどこにもいはしなかった。彼は地代と税を取り立て、以前には伯爵のものだったあらゆる納金、料金と、あらゆる税収とをわが手に収め、それを決算もせずに好き勝手に使った。彼が金がいると言えば信じるほかはなく、疑いを抱くことはできなかった。そして彼が市民に借金を申し込めば、だれもそれを断わることをあえてしなかった。

アルテヴェルデは八年間、きびしい統治を行なってフランドル諸都市の先頭に立ち、不穏な時代には、経済的な援助を期待していたイギリスに政治的にも頼った。それから、のしあがってきたときと同じように急激に没落した。ヘントの下層民が一三四五年に彼の支配権に対して反乱を起こして、彼を打ち殺したのである。「下層の民衆が彼を持ちあげ、悪意ある民衆が彼を殺した」と、年代記作者は簡潔に記している。これまたイタリアの都市の場合と似て、度重なる争いは都市相互の共同歩調を妨げたが、内部の政争が緊急時の協力を妨げることはなかった。

新しい時代が近づいているという信号であると同時に、そのもっとも有名な例とされるのは、おそらくコルトライクの拍車戦争である。フランス王フィリップ端麗王は、諸都市の富に刺激されてフランドルを占領した。ブリュージュは敢然と抵抗し、一三〇二年三月二十一日の夜、ここで三千二百のフランス守備隊全員が殺された。フランス王はこの恥辱をすすごうとして、同年の夏にはもう、一万の騎兵を含む六万の兵を率いてフランドルに攻め入った。コルトライク付近で全フランドルから集まった市民がこれに立ち向かった。ブリュージュから七千名の織工と肉屋、イーペルからもほぼ同数が来、ヘントも相応の兵員を出した。しかし全部を合わせても、ようやくフランス軍の半数の兵力しかなかった。

彼らの戦いは、皇帝フリードリヒ・バルバロッサに対するロンバルディア諸都市の戦争とは比較すべくもない。イタリアでは、市民側に強力な政治的同盟者がいたのに、ここフランドルでは、市民は孤立無援であった。自分たちにとって勝利か死か――戦死かもしくは、負けた場合には絞首か――しかないことを、市民は十分に心得ていた。

聖体を授ける司祭の数が足りなかったので、絶望した市民は戦いのまえに、ひとくれの土を口に含んだ。フランス騎士の傲慢と、傲慢ゆえの軽率とに、市民軍は救われた。だれもが、フランドルの市民自身でさえもが、可能とは思わなかった結果になった。フランス軍は壊滅的な敗北を喫したのである。戦闘の終わったあとで、四千個の黄金の拍車が集められたという。取るに足りない市民と手工業者が騎士軍を打ち破ったことを証明する、勝利の証拠品である。勝者は誇らかにこの戦いを「拍車戦争」と呼び、その戦利品をコルトライクの大聖堂の中に吊るした。

その後につづく混乱の年月のうちに、すでに述べたようにヤーコプ・ヴァン・アルテヴェルデが立身して没落した。しかし運命はもう一度、一三八二年に、対フランス戦争とアルテヴェルデ家を結びつけることになる。この年、ヘントの市民はヤーコプの息子、フィリップ・ヴァン・アルテヴェルデに率いられて、ローズベーク付近で若いフランス王シャルル六世に相対した。コルトライクの成功が二度繰り返されることはなかった。二万五千の市民が命を失い、アルテヴェルデも死んだ。王はフランス軍の屈辱的な敗戦を思い出させる拍車がなおコルトライクに吊るされていることを聞くと、町を焼き払った。

しかしフランドルの市民の死を恐れぬ勇気は、成果を残さないわけではなかった。フランドルがそのわずか二年後にブルグントに降ったとき、ブルグント公フィリップは、新しい臣民の大胆さをおぼえていて、彼らが古くから持っていた権利と自由を保証した。ヘントとブリュージュはもう一度、最盛期を迎えた。ヘントの人口は六万、ブリュージュはそれを上回り、ヴェネチアとならんでヨーロッパでもっとも重要な商業地にのしあがったが、十五世紀の半ばごろ港湾がしだいに埋まって、町は瀕死の状態に陥り、ついに回復することなく終わった。

これらの都市と比べると、ドイツの都市はどんなにささやかに見えることであろう。ベーメンの都市、ヤギェオ家の支配地域内の、そしてさらに東方の都市は、いっそうささやかであった。とはいっても、一つの例外は特に強調に値する。それはプラハ、今日なお好んで使われる名称でいえば「黄金の都」である。チェコの領主たちは九世紀に一つの城を建て、ドイツの多くの集落の場合と同じように、そこから都市が育った。教会と市場が規定的な因子となり、十世紀にはもう、最初のドイツの商人たちがここに定住した。「私はプラハの城の下に住むドイツ人に恩典と保護を与え、彼らが、民族としてチェコ人と異なっているように法と慣習においても別であることを望む。それゆえに私は、彼らがドイツ人のおきてと法に従って生きることを認める」と、一一七八年に公爵ソビェスラフ二世は言明している。

ドイツ人とチェコ人との実り豊かな共存と協力によって町は成長し、一三四七年には皇帝カール四世が支配権を握って、帝国内のどの都市よりもこのプラハを優遇した。プラハにおけるカールほど、支配者が、ある都市の運命、とりわけその全体像を強く刻印したためしはまれである。彼はこの町を建物で飾り、帝国の中心とし、アルプス以北で最初の大学をここに設立した。

中世ヨーロッパの都市の旅を終えるにあたって、ロシアをちょっと訪れてみるときには、まず考え方を変えてかからなければならない。ヨーロッパの他の地域では都市の顔を刻印した市民層が、この国には欠けていた。市民の共通意識、それにまた、建物に表わされる彼らの誇りが欠けていた。ロシアの都市は城から生まれてきたのである。城が自由民と非自由民がいっしょに住む集落の核を形造り、商人の定住する郭外地がすぐそのそばに連らなっていた。

十七世紀になっても、モスクワ帝国には市壁をめぐらした都市が二十そこそこしかなかったとなれば、ロシアの中世都市の大部分は、柵で守られた村にすぎなかったことが想像される。しかし、そのうち二つだけはとびぬけていて、古いロシアの歴史一般のシンボルとなった。一つは南のキエフで、この都市は十世紀から十三世紀まで、政治的な、そしてとりわけ、ビザンティウムと密接な関係を有する宗教的な中心地であった。一〇一七年にはすでに、四百の教会に加えるに壮麗な公共建築物と八つの大きな市場があり、そこに全ヨーロッパから商人が集まってきたといわれる。となれば、アーダム・フォン・ブレーメンがキエフを、コンスタンティノープルのライバルでギリシア文化圏でもっとも美しい宝と呼んだのも不思議ではない。それから一二四〇年、モンゴル族が町を破壊して、すべての壮麗さは一挙に失われた。その破壊ぶりはまことに徹底的で、その五年後にきた教皇使節はわずか二百軒の家を数えただけであったし、町が再び復興するまでには数百年を要したのである。

キエフに相応する役割を北で担ったのが、イリメニ湖畔のノヴゴロドで、二万の人口を擁するこの都市は侯国の首都であり、ハンザ同盟の通商上のパートナーであった。ここでは市民は、「ヴイェチェ」という民会を構成して一種の民主的な自治制度を作り、その会議で戦争と平和を決定し、侯を選び、裁判を行なった。十五世紀になってはじめて、市と侯国はモスクワのツァーリのために独立を失った。

モスクワが記録に現われるのは一一四七年がはじめてで、そのときはまだ取るに足りない集落であったが、度重なるタタール族の侵攻にもかかわらず、急速に重要性を増した。といっても、それは市民の協同によるよりはむしろ、ここに本拠をすえて十五世紀以降全ロシアの支配者となる王侯たちのおかげであった。

訳者あとがき

かつては、ヨーロッパの中世はわたしたちにとって遠く、はるかな世界でした。しかし今は海外旅行がさかんになって、パリ、ローマ、ロンドンといった大都市の観光だけではなく、ドイツのロマンティック街道のツアーまでもが計画されるようになりました。その気になれば、比較的簡単に、中世のおもかげを残す古い町々を訪れることができるのです。ニュルンベルクももはや戦犯裁判だけで知られる町ではなくなり、ローテンブルクも自動車のテレビコマーシャルに登場するありさまです。ドイツは第二次大戦の戦禍をこうむり、手ひどく破壊された町も少なくありませんが、その復興にあたって歴史と伝統の尊重と保持に意を用いた結果、今でも旅行者はとりわけ伝統のある中小の都市に、中世のたたずまいを見いだすことができます。

その一方、『ハーメルンの笛吹き男』をはじめとする阿部謹也氏の著書が注目され、とくに中世の庶民生活を扱った『中世を旅する人々』や『中世の窓から』が広く読まれているようです。後者は新聞に連載されたものですから、それだけでもヨーロッパの中世がどれほどわたしたちの身近に感じられるようになってきたかがわかります。

ハインリヒ・プレティヒャ著のこの『中世への旅　都市と庶民』も、中世後期のドイツの庶民生活を扱い、阿部氏の著書に近い内容を持っています。原題が『市民・農民・乞食』ということからもそれは察せられましょう。本書は既刊の『中世への旅 騎士と城』（平尾浩三訳）といわば姉妹編をなしていますが、内容的にはまったく独立しています。この訳書のほうがのちの時代を扱っており、時代の担い手は騎士から市民へと交替しているのです。原著の刊行も、『騎士と城』より十年後の一九七一年です。

著者プレティヒャは一九二四年ベーメンに生まれ、エアランゲン大学で歴史とゲルマン学を学び、一九四九年に『一八九〇年から一九一四年までのエジプトの外交政策』という論文で博士号を取得しました。一九五〇年にヴュルツブルクで教師生活に入り、ずっと同市に住んで、現在はそこで高校の校長を務めています。そういう多忙な職にありながら、著作家としてまことに精力的な活動を展開し、主として児童文学の畑で数々の賞を受けています。本書において、多くの資料を利用しながらそれに振り回されることなく、読者の興味を喚起しつつ平易な叙述を進めているところに、彼のそういう特質が生かされているように思われます。

一九八二年五月

関 楠生

著者略歴
ハインリヒ・プレティヒャ（Heinrich Pleticha）
1924年生。歴史学専攻。高校教育の現場にあって、マティアス・グリューネヴァルト高等学校（ヴュルツブルク）校長等を歴任。著書に『ドイツ史』（全12巻）等
歴史啓蒙書多数。当シリーズは他に『中世への旅　騎士と城』『中世への旅　農民戦争と傭兵』（いずれも白水社）がある。

訳者略歴
関楠生（せき・くすお）
1924年生、ドイツ文学者。東京大学名誉教授、獨協大学名誉教授。児童文学や古代史に関する訳書、歴史読み物の著書多数。訳書は他に『古代への情熱　シュリーマン自伝』（新潮社）、ヘディン『さまよえる湖』、プレティヒャ『中世への旅　農民戦争と傭兵』（白水社）等。

本書は、1982年に初版が、2002年に新装版が小社より刊行された。

白水uブックス　1135

中世への旅　都市と庶民

著者　ハインリヒ・プレティヒャ
訳者©　関　楠生
発行者　岩堀雅己
発行所　株式会社 白水社
東京都千代田区神田小川町 3-24
振替 00190-5-33228　〒 101-0052
電話（03）3291-7811（営業部）
（03）3291-7821（編集部）
www.hakusuisha.co.jp

2023年 6月 10日　第1刷発行
2024年 6月 5日　第6刷発行
本文印刷　株式会社精興社
表紙印刷　クリエイティブ弥那
製　本　誠製本株式会社
Printed in Japan

ISBN 978-4-560-72135-3

乱丁・落丁本は送料小社負担にてお取り替えいたします。